Michael Bengel

Ein Traum von Licht und Farben

Provençalische Passionen

Michael Bengel

Ein Traum von Licht und Farben
Provençalische Passionen

Picus Lesereisen

Picus Verlag Wien

Meinen Kindern

Graphische Gestaltung: Dorothea Löcker, Wien
Umschlagabbildung: Lavendelfeld, © Maison de la France
Druck und Verarbeitung: Remaprint, Wien
ISBN 3-85452-716-0

Inhalt

»Sous un soleil éclatant«
(Marcel Pagnol, »Marius«)

»Mein lieber Bernard!« schrieb Vincent van Gogh aus Arles an seinen Weggefährten und Kollegen Emile Bernard, »da ich versprochen hatte, Dir zu schreiben, will ich gleich damit anfangen, Dir zu sagen, daß das Land hier ebenso schön wie Japan zu sein scheint durch die Klarheit der Luft und seine heiteren Farbeffekte. Das Wasser steht in der Landschaft als Fleck von schönstem Smaragd oder reichem Blau, von der Farbe, wie wir sie aus Kreppstoffen kennen. Blasse Sonnenuntergänge lassen den Erdboden blau erscheinen. Prachtvoll gelbe Sonne!« – Welch ein Eindruck für die Augen eines Malers: Farben über Farben. Aber was für eine Wirkung: Der arme Vincent ist verrückt geworden unter dieser Sonne.

»Mein Körper, wenn ich ihn mit Sanftmut behandle, läßt mich nicht im Stich«, das schrieb er spät noch Theo, seinem Bruder, als müsse er sich selber zuversichtlich stimmen und den Besorgten beruhigen. Emile Bernard jedoch verriet er mehr von seiner Obsession für dieses Licht: »Ich befinde mich hier im Süden entschieden besser als im Norden. Ich arbeite selbst in der vollen Mittagsstunde, bei greller Sonne ohne irgendwelchen Schatten, und siehst Du, ich fühle mich behaglich wie eine Grille.« – Indes nicht immer und nicht lange: »Wie das müde macht, solche südliche Sonne!«, auch das verriet er dem Kollegen, heimgekehrt vom Morgen auf dem Feld, von seiner Arbeit, wo er Landschaften »gemacht« hatte, wie er es nannte, ein Schöpfer im Kleinen und ein Sammler zugleich: »Schnell, in wahnsinniger Hast gemacht, wie der Schnitter, der schweigend in der glühenden Sonne schafft, nur in dem Gedanken, möglichst viel herunterzuschneiden.« Und schließlich, wieder an Bernard: »Ach, wir Hirnverbrannten, was wir so durch die Augen für Genüsse haben, nicht wahr? Aber die Natur rächt sich dafür am Tier in uns, und unser Körper ist jämmerlich und oft eine schreckliche Last.« Noch schwerer als der Körper wurde ihm das Leben. In Auvers, zurück im Norden, schießt er sich eine Kugel durch die Brust und stirbt zwei Tage später.

Gewarnt worden war er nur im Roman: Irving Stone läßt ihn in seiner Lebensdeutung »Lust for Life« am Mittag seiner Ankunft in Arles einem Zeitungsreporter aus Paris begegnen wie einem Seher der antiken Tragödie: »Wenn ich Ihnen raten darf, bleiben Sie nicht. Arles ist der ungesundeste Platz der Erde.« – So dringt er in ihn beim Absinth: »In einer Woche werden Sie mir recht geben. Das Land um Arles herum ist das geplagteste, der am meisten leidende Teil der Provinz. Sie waren draußen in der Sonne. Können Sie sich einen Begriff machen von dem, was es für die Leute heißt, diesem grellen Licht Tag für Tag ausgesetzt zu sein? Es brennt Ihnen das Gehirn aus dem Kopf, das kann ich Ihnen sagen. Und dann der Mistral! Er tobt während hundert Tagen im Jahre, daß die Stadt wahnsinnig wird. Wollen Sie auf den Straßen entlanggehen, werden Sie gegen die Häuser geschleudert, sind Sie draußen auf dem Felde, werden Sie auf den Boden geschleudert und fliegen in den Dreck. Ich habe gesehen, wie dieser vermaledeite Sturm Fenster eindrückte, Bäume herauswirbelte, Zäune umriß und Menschen und Tiere auf den Feldern quälte, daß ich glaubte, sie würden in Stücke gerissen werden. Ich bin nur drei Monate hier, ein bißchen verrückt bin ich aber auch schon. Morgen früh fahre ich ab!«

Van Gogh aber blieb: gut 14 Monate in Arles, zwei Jahre und drei Monate in diesem Licht. Er feierte und bannte diese Sonne, indem er sie malte, wie es Kinder tun, groß und rund und schwefelgelb als Zentrum über allem. So wie in seinen Landschaften mit Sämann oder Schnitter mochte Ikarus das Himmelslicht gesehen haben, ehe er stürzte. Und noch im Taumel hinter Gittern, in der Anstalt oberhalb von St-Rémy, malte er in seine eigene Kopie von Rembrandts Lazarus die Sonne ein, als habe die ihn auferweckt.

Seine liebste Pflanze in Arles war die Sonnenblume, französisch: *tournesol,* weil sie sich nach der Sonne richtet. »Ich arbeite hier so eifrig, wie der Marseiller seine Bouillabaisse verschlingt, was Dich nicht weiter wundern wird, denn es handelt sich um Sonnenblumen«, schreibt er einmal an Theo. Er hat den Plan, sein Atelier mit Sonnenblumen auszumalen, »es soll so eine Art Effekt wie gotische Kirchenfenster haben« – Licht von der Palette. Als er bei seinem Bruder neue Farben bestellt, wählt er eine Doppeltube Zinnober und zwei kleine Tuben Preußischblau: aber zehn große Tuben Silberweiß und sieben Doppeltuben Gelb in drei verschiedenen Tönen.

Und als er an der Place Lamartine vor den Toren der Stadt ein Häuschen findet, hat auch das dieselbe Farbe – und heißt schon so: das gelbe Haus: »Ich habe ein Haus gemietet«, schreibt er, »außen gelb gestrichen, innen ganz geweißt, in vollster Sonne.«

Es war die Sonne, die er gesucht hatte, ihr Licht und ihre Farben. Deshalb war er weggegangen von Paris. Seither sehen wir das Land mit seinen

Augen: die blühenden Bäume im Garten, den Himmel, die schwarzen Zypressen. Mit seinen Huldigungen an das Licht in all seinen Farben hat van Gogh, so deutlich wie keiner zuvor oder später, das Wesen dieser Landschaft eingefangen und gefeiert. »Als mir klar wurde, daß ich jeden Morgen dieses Licht wiedersehen würde, konnte ich mein Glück kaum fassen«, notierte auch Henri Matisse. Und im ersten seiner »Briefe aus meiner Mühle«, schreibt Alphonse Daudet: »Vor mir senkt sich ein bezaubernder Pinienwald, der vor lauter Licht funkelt und schimmert, bis zum Fuße des Hanges ... Kein Laut, hin und wieder einmal, ganz gedämpft, der Ruf einer Schnepfe in den Lavendelsträuchern, eine Mauleselschelle auf der Straße ... Diese ganze schöne provençalische Landschaft lebt allein durch das Licht.«

Und als dann Wilhelm Hausenstein, der Literat und unter Adenauer später Botschafter in Frankreich, 1926 in den Süden fuhr, da sah er wieder dieses Licht und beschrieb es in seiner »Reise in Südfrankreich«: »Man wird des Südens aber weniger an Einzelheiten inne als am Ganzen. Plötzlich sagt ihn ein Licht aus, das über dem Gesamten steht, oder ein Schatten macht ihn gegenwärtig, indem er ihn weithin verhüllt.«

Man muß wohl aus dem Norden kommen, um dieses Licht des Südens so zu würdigen. Matisse kam aus Nordfrankreich, van Gogh aus Holland, Daudet war zwar aus Nîmes gebürtig, doch die Liebesbriefe an das Land um »seine« Mühle schrieb er in Paris. Wer vorher schon gekommen war, Griechen, Römer, Sarazenen, der hatte dieses Licht nicht zu entdecken gehabt und konnte es auch nicht: Er hatte es im Rücken sozusagen.

Midi heißt diese Gegend nach dem Mittagslicht,

das hier am höchsten steht: weit eher eine Zeit- als eine Ortsangabe, der Name eines Zustands mehr als der einer Region. Und was van Gogh von ferne suchte, war dieser Zustand, nicht die Stadt, in der er sich dann gleich am Bahnhof, ohne sich nur umzuschauen, niederließ. Der Bahnhof, wo er in Paris den Zug bestieg, wies ihm dabei von Anfang an den Weg: Er hieß damals noch nicht, wie heute, Gare de Lyon, er hieß Gare du Midi.

Der Blick von fern hat diesem Land auch seinen Namen gegeben: Provence. Als Caesar jenes Land beschrieb, das er mit Krieg befriedet hatte, da fand er den Namen schon vor: Provincia Gallia Narbonensis. Es war der Teil von Gallien, der römisch war und bleiben mußte mit Gewalt, weil anders der Weg nach Spanien nicht zu sichern war; er hieß, im Unterschied zum unbesetzten Gallien, bald nur noch kurz Provincia. Das meinte durchaus »Rom«, im Unterschied zum Keltenland, es meinte aber auch Provinz in jenem Sinne, den das Wort noch heute hat.

Provinz ist die Provence auch heute noch. »Vous êtes en Provence« steht auf der Tafel an der Autobahn nach Süden, und natürlich scheint auch hier, in Beige auf Braun, die Sonne, denn nach ihr heißt die Strecke *autoroute du Soleil.* »Provinz« steht nirgendwo, das sieht man auch so, wenn man kommt: die Berge an der Rhône stehen hohl mit langen Förderbändern der Zementfabriken, und immer wieder Kühltürme mit Wolkenfahnen bis zum Himmel. Warum, wenn sie so harmlos sind, baut man die häßlichen Atomkraftwerke nicht vor den Toren von Paris, dort, wo ihr Strom dann aus der Dose kommt, hat Jean Giono gefragt, der alte Dichter aus Manosque. Die Antwort ist: Provinz.

Man hat Giono gelegentlich den südfranzösischen Vergil genannt, den Sänger der bukolischen Provence. Er hat noch miterlebt, wie die Durance bezwungen wurde und gezähmt, daß sie nun kraftlos, breit und träge durch die Felder fließt; er hat erlebt, wie seine Heimatstadt Manosque ersticken sollte im Beton, er hat die Verseuchung der Landschaft erlebt – und hat dagegen angeschrieben wie andere Autoren auch: Marcel Pagnol, Henri Bosco, Thyde Monnier. In ihren Werken haben sie auch ihre Landschaft festgehalten. Sie setzten gegen die Erscheinungen der Zeit ihr Gegen-Bild, das häufig zeitlos war, bisweilen sich die Züge gar aus der Antike borgte – hier ist Arkadien: »Du bist froh und zufrieden. Morgens bist du bei Vogelgezwitscher aufgewacht, unter den freundschaftlichen Blicken eines friedlichen Mondes, der dir zugelächelt hat, bevor er seine Arbeit ruhen ließ. Der kleine grüne Stern, der ihn begleitet, hat dir zugeblinzelt, was heißen sollte: ›Bis heute abend‹. Im Himmel gießt jemand eine große Schüssel rosigen Wassers aus, etwas wie Waldhimbeersaft, der über den blauen Horizont rinnt und Lachen bildet, in die der Eiweißschnee der Wolken gleitet. Das ist schön, das magst du. Du frühstückst angesichts dieses täglichen Wunders dein mit Knoblauch oder Sardelle abgeriebenes Brot oder eine rohe Zwiebel und ein Stückchen Fleisch. Du findest, daß das mächtig gut tut. Die Flasche Wein liegt neben dir im Grase; sie enthält einen Trunk, der ebenso edel ist wie der, der aus Frauenbrüsten fließt. Du kennst ihn, diesen Wein. Du hast ihn selbst aus den Trauben gepreßt, indem du die Holzwinde gedreht hast. Du selbst hast ihn ins Faß gefüllt und in Flaschen abgezogen. Er stammt aus der Erde, in der du wurzelst gleich ihm. Er ist anständig, er ist gut wie du ...« Das ist Verklärung einer Lebensform als Entwurf von gelingendem Leben – und das in einer Sterbeszene (aus »Nans, der Hirt« von Thyde Monnier). So möchte man sterben. So möchte man leben.

Tatsächlich: Achtzig Prozent der Franzosen lebten, wenn man sie nur ließe, am liebsten in Aix-en-Provence und dem Land ringsumher. Viele davon tun es immerhin auf Zeit. Ganze Dörfer sind als Urlaubsorte vor dem Untergang gerettet worden, jetzt fristen sie als Zweitwohnsitz ihr zweites Leben. Immer seltener verdient man da sein Geld, wo man es gerne lassen möchte. Achtzig von hundert: Die Arroganz des Blicks von fern hat heute keine Mehrheit mehr. Mag sein, daß dieser Hochmut niemals mehrheitsfähig war. Doch lange Zeit hat er das Bild bestimmt. Auch das Bild der Provence: Nach 1789 teilte die neue Regierung das Land auf in neue Provinzen. Da war für die Provence kein Platz mehr, nun galten nur noch Departements; und die Provence, die man auf einer Karte hätte finden können, hat 1790 aufgehört zu existieren.

Toujours Marius

Der Ölbaum ist der »Zeigerbaum« des Südens. Irgendwo hinter Montélimar findet man zum ersten Mal sein silbriges Laub: Hier, sagen viele, beginnt die Provence. Oft teilt er sich mit Mandelbäumen das Gelände. Um das Maurengebirge zum Meer hin, am Ventoux und längs der Rhône wächst der Wein; Maulbeerbäume allenthalben, dazu in Land und Stadt die lichten Korridore der Platanen. Den Ölbaum und den Weinstock haben einst die Griechen mitgebracht, dazu den Feigenbaum, den Nußbaum und die Kirsche; den Maulbeerbaum aus Persien holte der gute René, der letzte König der Provence; die typische Platane schließlich, *platanus occidentalis*, stammt aus Nordamerika; und für den Mandelbaum gibt es sogar ein Datum: Er wurde 1548 aus Asien eingeführt.

Schon immer ist von fern ins Land gekommen, was uns die Provence heute kenntlich macht. Die ersten in der überlieferten Geschichte waren Griechen, ionische Kaufleute, keine Eroberer, die mit den kelto-ligurischen Saluviern im Süden Frankreichs friedlich Handel trieben. Sie kamen aus Phokäa in Kleinasien und gründeten um 600 v. Chr. Massalia: Marseille. Tochterstädte folgten, Nikäa/ Nizza, Antipolis/Antibes, Glanon/Glanum oberhalb von St-Rémy und Theline (die nährende Mutter), das spätere Arles. Das Flußtal war ein bequemer Reiseweg nach Norden, und falls da Händler von der Insel Rhodos unter jenen Griechen waren, so wäre auch der zweite fremde Name mit letzter Sicherheit geklärt: Rhodanos, Le Rhône, die Rhône. Noch heute heißt das Herzstück der Provence »rhôdanienne«.

Dann kamen, und weniger friedlich, die Römer. In ihren Kriegen mit Karthago lernten sie den Wert des festen Wegs nach Spanien zu schätzen, wo mit dem Ebro ihre Einflußsphäre endete. Das reiche Massalia wurde als Partner im Bündnis gewonnen und Hannibal zumindest aufgehalten: Statt des bequemen Wegs am Mittelmeer blieb ihm und seinen Elefanten nur der Umweg über die Alpen.

Zu fürchten hatte man nicht nur Karthago: Auf ihren Wegen in die spanischen Provinzen kamen die Römer auch mit den keltischen Liguriern zusammen. Und da aus Rom nicht nur die Truppen stammten, sondern auch die führenden Historiker, fiel den fremden Gegnern nur die Rolle des Aggressors zu.

Was waren das für Leute dort am Rand der Welt, die man so lange übersehen hatte? »Sie wandern ziellos im Land umher, schlafen im Gras oder auf Stroh, ernähren sich ausschließlich von Fleisch und verstehen daher nichts vom Ackerbau. Sie kümmern sich nur um Krieg, Jagd und Fischerei und sehr wenig um den Anbau von Pflanzen. Sie treiben ihre Herden vor sich her und lassen sie weiden, wo immer sie gerade sind. Sie schätzen nur Gold, Waffen und Tiere, die einzigen Reichtümer, die der nomadische Abenteurer mit sich führen kann«, schrieb der Historiker Polybios im dritten vorchristlichen Jahrhundert: Sie waren anders als die Römer, also waren sie gefährlich.

Die Griechen hatten noch nach Assimilation getrachtet: Massalia, der Name ihrer Gründung, bedeutete »Haus der Saluvier«, noch heute heißt das Haus auf provençalisch *mas.* Die Römer aber führten in das ferne Land den Blick der Hauptstadt ein, sie erst machten die Provence zur Provinz. Ihre erste Gründung übersah die Urbevölkerung; sie hieß nach einem ihrer Konsuln, Gaius Sextius Calvinus, Aqua Sextiae, heute Aix-en-Provence. Dort hatten sie zwei Jahre zuvor, 124 v. Chr., Entremont zerstört, den Hauptort der Saluvier.

Die Sicherung des Landes durch Soldaten war nun zu einer inneren Affäre des Römerreichs geworden. Der Sieg der germanischen Kimbern über die Legionen Roms bei Orange stellte die Verhältnisse zwar noch ein letztes Mal in Frage. Doch drei Jahre später, 102 v. Chr., fielen endgültig die Würfel für mehr als ein halbes Jahrtausend römischer Provence. Östlich von Aix zerschlug Gajus Marius das ganze Volk der wandernden Barbaren: Teutonen, Ambronen, Haruden und Tougener. Die Toten waren allenfalls zu schätzen: ein- bis zweihunderttausend. Die Überlebenden, meist Frauen und Kinder, gingen in die Sklaverei. Die Toten ließ man in der Sonne faulen. »Moderfelder« nannte man den Ort der Schlacht, *campi putriti, »pourrières«.*

Römisch wurde auch der Bergstock nahebei; aus einem Heiligtum der Urbevölkerung wurde nun ein Siegesberg, dem späterhin, in christlichen Jahrhunderten, noch die Insignien der Gottgefälligkeit verliehen wurden; die Völkerschlacht des Heiden Marius wurde stilisiert zu einem heiligen Sieg, zur Sainte Victoire. Die Provence war nunmehr römisch und blieb es bis zum Untergang des Reiches. Neue Hauptstadt wurde eine Stadt im Sumpf, die auch so hieß: Arlate nach dem alten Namen, Arelate, Arles.

Marius hatte die Stadt an der Rhône ein halbes Jahrhundert zuvor zur Hafenstadt gemacht: Um seinen afrikanischen Legionen die Zeit des Wartens zu verkürzen, hatte er sie abgestellt zum Bau eines Kanals, der Arelate mit dem Meer verband. Der Name des Siegers ist der Provence unvergeßlich geblieben. Er ist auch heute noch verbreitet im

Midi, und Marius ist längst zur allegorischen Figur geworden und meint den Südfranzosen überhaupt, gesellig beim Pastis und immer gut für eine augenzwinkernd vorgebrachte Übertreibung: ein harmloser Geselle also, kein Teutonenschlächter.

Er lebt in Witzen; und er lebt in Redensarten: griffig, treffend, unpräzise. Im Witz erklärt er Uncle Sam, der alles besser weiß und toller kann, die Straßennägel an den Übergängen seien dazu da, bei stürmischem Mistral die Fahrbahn festzuhalten. Marcel Pagnol hat Marius beschrieben, ohne ihn zu nennen: »Mit Ausnahme einiger Nebenfiguren«, schreibt er in seiner Vorbemerkung zu dem Drama »Fanny«, »sind dies alles Menschen aus Marseille, also äußerst entzündbare Menschen, gleich heftig in Freude und Schmerz, fast ohne Übergang von einem zum anderen wechselnd, übertrieben in allen Äußerungen. Man nimmt es hier mit der Wahrheit nicht so genau, aber die Lügen sind harmlos, da der andere das Nötige schon abzieht. Im ganzen ein fröhliches, gutmütiges und kindliches Volk«. Man kennt einander: *toujours Marius*. Mit seinem Drama »Marius« hatte der Dichter aus Aubagne zuvor schon, 1929, diesem Völkchen ein Denkmal gesetzt und dem wohlbekannten Bild sogleich einen neuen Aspekt hinzugefügt: Bei ihm ist Marius ein junger Mann, schlank und hübsch, wie es heißt, und hingerissen von der *envie,* die Dinge, wie sie sind, zu ändern – *de tourner la barre,* das Steuer umzulegen und auf das weite Meer hinauszufahren: die Aufbruchstimmung einer ganzen Generation in ihrer liebenswürdigsten Gestalt.

Sein Vater ist ein Kneipenwirt im Hafen von Marseille und heißt beziehungsreich César, so wie der dritte Teil der ganzen Trilogie »Marius – Fanny – César«.

Aus Aubagne, wie Pagnol, stammt schließlich auch der Mann, der Marius für jedermann in eine feste Form gebracht hat, in eine Form aus Gips: Marcel Carbonnel ist der größte Hersteller von provençalischen *santons,* den Krippenfiguren aus Ton, die rund um die bekannte Besetzung mit Ochs und Esel auch Bauern, Bettler und Gemüsefrauen scharen. Zwischen den achthundert Formen, die Carbonnel geschaffen hat, steht fingergroß auch Marius als Sinnbild für den Südfranzosen: ein wenig Tartarin von Tarascon mit Flinte und Patronen, ein heiteres Gesicht, dazu am Kinn das Bärtchen von Daudet.

Ein Bild wie dieses ist bezeichnend: Bei seinem Marius war Carbonnel an keine Vorlage gebunden, so konnte er sich die Figur erfinden, wie sie ihm am besten paßte, vergnüglich wie das Happy End aus einem Drama von Pagnol. Das gilt für Marius im kleinen wie im großen für sein Land: Auch das Bild der Provence ist nicht bloß im Entdecken zu gewinnen, es ist, wie jedes Bild, auch eine Schöpfung.

Vor allem das, was typisch scheint, ist erst spät aufgetreten, erst nach 1790: Die Dichtungen Daudets mit ihren rührenden und heiteren Geschichten, die eine Ahnung von Midi in viele Lesebücher tragen; die Lobgesänge eines Fréderic Mistral in einer eigens neu erweckten Sprache; die bunten Baumwollstoffe mit den »indischen« Sujets aus Tarascon, die erst von Druckmaschinen massenhaft verbreitet wurden; »Souleiado« heißt die bekannteste Firma: hab' Sonne im Namen. Die blau gekämmten Hügel mit Lavendel, die schwarzen Herden der Camargue, der Stierkampf, der Pastis, der den verzehrenden – und 1915 dann verbotenen – Absinth ablöste – und sogar das gesellige Boulespiel, wie man es auf den Dorfplätzen überall sieht: *petanque,* die ruhigere Variante, nach 1910 von La Ciotat aus verbreitet und *ped tanco* gespielt, mit geschlossenen Füßen, also ohne Anlauf. Vor allem aber die kleinen *santons:* Sie kamen erst nach 1789 auf, dem Jahr der Revolution, als man dem Volk die Kirchen schloß und sie dem aufgeklärten Glauben weihen wollte. Noch immer steht am sonnigen Portal der dunklen Kathedrale St-Siffrein in Carpentras unauslöschlich der Wahlspruch von Freiheit, Gleichheit und Brüderlichkeit. Aber ihr Glaube war den Bauern nicht zu nehmen: Sie holten sich die Krippen in die Stube. Bis heute sind die klassischen Figuren ausgestattet in der Art des *ancien régime*. Und so bewahren sie in bunten Farben das Bild gerade jener Provence, die dieser Revolution zum Opfer fiel.

Seiner äußeren Grenzen beraubt, ging das Land nun daran, sein Wesen aufs neue zu entdecken. Oder um es deutlicher zu sagen: Die Provence, wie wir sie heute kennen, ist eine Erfindung des vergangenen Jahrhunderts. Natürlich nicht das Land und seine Spuren der Geschichte – wohl aber seine Geschichten. Natürlich nicht die Kalkgebirge und die Monumente der Antike, die Kirchen der Romanik nicht und gewiß nicht die südliche Sonne – aber keiner hat sie vorher so gemalt wie van Gogh.

Pax Romana

Über der Theke im Café des Arts in St-Rémy, wo die Einheimischen beim Pastis unter sich sind und die Olivenkerne auf die Fliesen spucken, zu den Kippen und den Würfelzuckerpapierchen, hängt groß ein altes, verblichenes Foto: Die Monumente Les Antiques inmitten von Gebüsch und verstellt von Gestrüpp. Auch als das Bild entstanden ist, also ungefähr um die Jahrhundertwende, waren die beiden Denkmäler alt, aber doch wohl nicht so interessant wie heute, auf keinen Fall so vielbesucht. Man findet das sogenannte Juliermonument neben dem Ehrenbogen häufig als Mausoleum bezeichnet; es ist aber nicht wirklich ein Prachtgrab, sondern lediglich das Denkmal zum Gedächtnis zweier andernorts Verstorbener, ein Kenotaph mithin, ein Leergrab; die Gedächtnisstätte für zwei früh verstorbene Enkel des Augustus, wie man annimmt, Lucius und Caius. Die alte Bezeichnung indes hat dem Kloster und Hospital von St-Paul, jenseits der Straße hinauf in das römische Glanum und weiter quer durch die Alpilles, seinen Namen gegeben: St-Paul-de-Mausole, und hier, nur ein paar Schritte der Muße entfernt, hat van Gogh, in einer Irrenzelle hinter Gittern, ein Jahr seines Lebens verbracht. Hier kam er vorüber, wenn er mit einem Wärter eine kleine Promenade machte, auch um zu malen: Die römischen Ruinen haben ihn nicht einmal zu einer Zeichnung angeregt.

Andere haben in der Provence die Antike besucht. 1803 kam Ludwig Richter in jungen Jahren im Gefolge eines russischen Fürsten, um für ihn die Sehenswürdigkeiten zu Papier zu bringen; und bei Moritz Hartmann, dem Linksintellektuellen der Restaurationszeit, findet sich im »Tagebuch einer Reise durch Languedoc und Provence« eine aufmerksame, ausführliche Schilderung von Les Antiques, die mit dem immer noch gültigen Urteil anhebt: »Sie gehören wohl zu den interessantesten und schönsten Antiken des südlichen Frankreichs ...«

Und doch notiert Hartmann zu Beginn seiner Visite, am 26. Juli 1851: »Die römischen Monumente allein hätten mich nicht hierher und von der großen Straße abziehen können, hätte ich nicht weiter in das Gebirge wandern wollen, um auf seinem östlichen Abhange die wunderbare Stadt Les Baux zu sehen, von der man mir so viel erzählt hatte. Ich bereue den kleinen Umweg nicht.« Er setzt hinzu: »Ich begreife die Archäologen und Historiker nicht, daß sie die Spuren alter Völkerwanderungen nur nach toten Mark- und Leichensteinen verfolgen und nicht einmal das Auge aufschlagen, um in ein Menschenantlitz zu sehen, das ihnen vielleicht mehr sagen kann als alle Chroniken und Inschriften.« Heute sind die römischen Antiken von ihrem alten Ambiente völlig abgelöst, in St-Rémy wie anderswo, freigesetzt – und damit in gewisser Weise absolut gesetzt: Objekte musealer Bewunderung, leicht zu erreichen, mit geräumigem Parkplatz, und dadurch für den Reisenden Verpflichtung, Sehenswürdigkeiten mit Sterneprädikat. Häufig bleibt als Resultat Ratlosigkeit.

Dabei ist gerade hier die römische Antike besser zu erfahren als irgendwo sonst – als Ensemble antiker Bauten an ihrem angestammten Platz. Gewiß, die Römer waren nicht die ersten, die dauerhaft Kultur ins Rhônedelta brachten. Da gab es die griechischen Händler und die blonden Kelten mit der hellen Haut, deren düsterer Pferde- und Schädelkult jene gewaltsame römische Landnahme nur auf Steinbildnissen hie und da überdauert hat. Die Römer aber haben der Provence erst ihr bleibendes Gepräge gegeben, das man auch heute noch vor Ort erfahren kann.

Das provençalische Erbe der Phokäer ist eher subtil und sublim: ein paar Namen, Spuren einer großen Herkulesverehrung und der Gründungsmythos von Nîmes, das auf einen von Herkules' Gefährten zurückgehen soll, Nemausos. Moritz Hartmann glaubte freilich, überall »die Spuren schönen Hellenentums« in der Rhodanienne zu erkennen; über Seiten beschreibt er die Schönheit der *belles Arlésiennes* nach dem Muster klassischer Rhetorik, vom dunkel beschatteten Auge über die schimmernden Zähne und »die schwellenden Brusthügel« bis zum melodischen Gang: »Überhaupt ist es, als wäre man von Modellen griechischer Statuen, von den Urbildern der Junonen und Minerven, die wir kennen, umwandelt.« Doch was als sicher neben solcher Anmutung steht, ist die Zivilisation der Römer.

Drei große Straßen existieren als Routen bis heute: Die Via Agrippa (von Arles rhôneaufwärts), die Via Domitia (von Narbonne bis Sisteron und weiter in die Ebene des Po) und die Via Aurelia (von Italien längs der Küste über Forum Julii, Fréjus, nach Nîmes). Hier liegen, aufgereiht wie Perlen, die Gründungen der Römer, und auch die Namen der Städte dazwischen zeugen von vornehmlich römischem Ursprung – von Noviomagus, »neuer Markt« (Nyons), bis Apt, Apta Julia, »von Julius (Caesar) gegründet«. Nemausos wurde rasch zur Colonia Augusta Nemausus und schmückt sich seither mit dem sinnfälligen römischen Wappen zum Gedächtnis an den Sieg über Kleopatras Ägypten durch Octavian: mit einem Krokodil in Ketten.

Nach seiner Niederwerfung des Antonius und der Kleopatra und mit dem Ende des römischen Bürgerkriegs hatte Octavian jenes Ziel erreicht, das man seinem Großonkel und Erzieher Julius Caesar zuvor noch mit dem Dolch verweigert hatte: die Alleinherrschaft in Rom, die er dann, im Namen des Ermordeten gewissermaßen, als »Caesar« antrat. Fortan gab es Kaiser in Rom. Octavian wurde princeps, der Erste im Staate. Die Türpfosten seines Hauses bekränzten ihm die Bürger auf den hinteren Plätzen mit Lorbeer. In der Sitzung des Senats vom Januar 27 nannte man ihn ein für allemal »Augustus«, das hieß soviel wie der Erhabene, es hatte auch den Unterton von anbetungswürdig, ja, göttlich.

Augustus hob die alten Tugenden der Väter allmählich wieder ins Bewußtsein. Nach anfänglichen Militäraktionen erlangte unter ihm das Land die Blüte, der unter späteren Kaisern weitere folgen sollten. Nach den Wirren vor der Zeitenwende herrschte nun die Pax romana, ein Friede von dreihundert Jahren Dauer. »Die Soldaten gewann er durch Schenkungen«, schrieb Tacitus, »das Volk durch Getreidespenden, jedermann durch die erfreuliche Ruhe.«

Aus Legionären wurden Siedler, zu Tausenden schickte sie Augustus in das Land, gemeinsam mit ägyptischen Gefangenen, wo sie noch als Veteranen Zeugnis gaben von römischer Größe für jedermann, der Zeichen lesen konnte: das waren die, die fern am Nil das Krokodil Antonius in Ketten legen konnten, die könnten ähnliches auch hier, wenn das denn nötig werden sollte.

So hatten es die Römer stets gehalten, es war ihr Auftrag sozusagen, in Verse gebracht durch Vergil: »Du aber, Römer, gedenke / mit Macht der Völker zu walten.« Caesar hatte nach der Niederwerfung der Gallier im Jahre 46 das keltische Arausio zur Veteranensiedlung erhoben, die alles Nennenswerte gleich im Namen bei sich trug: Colonia Julia Secundanorum Arausio – die Kolonie Arausio der ehrenwerten Kämpfer von der zweiten Legion zum höheren Ruhme der Julier und ihres höchstwohlgeborenen Caesar: Orange.

So vermischte sich die Zivilisation der Römer mit den einheimischen Kulturen der Provinzen und prägte sie zugleich. Später, als das Kaisertum durch Wahl und Adoption sich weiterreichte, nicht mehr durch Herkunft und Blut, konnten auch Bewohner der Provinzen Kaiser werden, und einer von ihnen war der Sohn eines Edlen aus Nîmes: Unter Antonius Pius erlebten Rom und die Provence im zweiten Jahrhundert ihr goldenes Zeitalter. Noch einmal wurden Tempel gebaut und Theater, die Städte gefördert und das Straßennetz verbessert.

Beides, die Größe der goldenen Latinität wie die Umstände, die sie bis in die Provence brachten, ist den römischen Bauten bis heute abzulesen, auch Les Antiques in St-Rémy. Gallische Gefangene auf dem Ehrenbogen vor dem römischen Glanum zeugen von der Überlegenheit des römischen Imperiums, das Monument der Julier verherrlicht noch am Rand des Reiches die kaiserliche Dynastie.

Noch deutlicher nach außen zielt das waffenstarrende Selbstbewußtsein des Bogens von Orange. Hier hatten die Römer ihre größte Niederlage seit der Schlacht von Cannae wettzumachen, die Vernichtung ihrer Truppen durch die Kimbern 105 v. Chr. Das reich geschmückte steinerne Tor steht heute, so wie einst, ein wenig außerhalb der Stadt. Es ist rundum verziert, mithin kein Stadttor. Es ist ein Denkmal, ein Monument ohne rechte Funktion, doch mit tieferem Sinn: Plaziert vor der Stadt, gut sichtbar an der Straße nach Lugdunum, Lyon, pries es die Größe der zweiten Legion und die Siege des Imperium Romanum. Gallier, kommst du nach Hause, verkündige dorten, du habest uns siegen gesehen, wie es ein Caesar befahl – so etwa lautet das Programm an der Nordfassade, der Schauseite des Monuments.

So geradlinig wie folgerichtig führte die antike Via Agrippa durch das Tor aufs Kapitol von Orange zu, das sich damals auf dem St-Eutrope-Hügel befand. Von ihm sind keine Spuren mehr geblieben, nur die Reste eines Tempels unterhalb. Daneben aber steht das besterhaltene Theater Roms und eines der größten zudem. Hart bedrängt von den parkenden Autos, erhebt sich seine lehmrote Rückfront noch immer hoch über die Stadt und die Gegenwart. Das ist die Bühnenwand, die die Griechen noch nicht kannten, nicht brauchten, 36 Meter hoch, 103 Meter breit. Zur Bühne hin und zu den Rängen war das Haus mit Marmorplatten ausgekleidet, und wenn auch diese glatte Oberfläche fehlt, so ist der Eindruck des Theaters doch gewaltig. »Laßt uns doch aufrichtig sein«, bemerkt bei dessen Anblick Rilkes Malte Laurids Brigge, »wir haben kein Theater, so wenig wir einen Gott haben: dazu gehört Gemeinsamkeit.«

Hier läßt sich heute noch erkennen, was Theater einmal war und was es werden würde: Das griechische *theatron* meinte die Gemeinschaft der Versammelten am Schauplatz, Gemeinsamkeit um einen Mythos, wie Rilkes junger Däne sie vermißt, und rings um die *orchestra,* die bei den Griechen noch ein Tanzplatz war und daher rund, mit einem leichten Zelt dahinter, der *skene,* vielleicht auch einer Bretterbude, später einem steinernen Gebilde, das erst die Römer dann zum hohen Bühnenhaus erhoben. Bei ihnen war der Blick ins Land dahinter aufgegeben und damit die alte Gemeinschaft: die zwischen der Heimat des Mythos und dem Land der Betrachter. Die Kultstätte wurde darüber zur Guckkastenbühne. »Die Wand ist dunkel«, schreibt Hausenstein, »es ist eine Festung des Dramas.«

Was wurde damals gegeben? Wohl selten die antiken Klassiker, die wurden häufig nur noch vorgelesen. Auch die Soldaten der zweiten Legion und auch die der sechsten in Arles werden sich weit eher von Spektakel haben locken lassen als von den Versen der Alten.

Ausstattungsklamotten, klagte da schon Cicero, kämen besser an als Wortkunstwerke. Da gab es zotenreiche Possen oder Stücke, in denen Damen bis zur Taille unbekleidet zu agieren hatten. Schließlich gab es neben dem Theater Wagenrennen und, in Arles und Nîmes zum Beispiel, die Amphitheater, doppelseitige Theater dem griechischen Wort nach, also eben mehr als bloß »Theater«. Hier wurden Tiere aufeinandergehetzt oder Sklaven, am Ende auch Christen geschlachtet. Der Kulturbegriff war auch in Rom schon weit gefaßt, ganz besonders unter Legionären.

So kam es, daß in mancher Hinsicht die provincia bevorzugt wurde. Caesar hat in Arles Theater, Zirkus und Amphitheater bauen lassen, ehe es in Rom das Colosseum gab. *Les Arènes*, wie nach dem Wort für Sand (*arena*) die elliptischen Amphitheater heißen, auch die heutigen, sind beredte Zeugen einer längst verstummten Zeit. Gemeinsam mit einem der schönsten erhaltenen Tempel aus römischer Zeit, dem in Nîmes, dem Bogen von Orange und seinem Theater, den beiden Monumenten Les Antiques zwischen St-Rémy und Glanum beschwören sie die Blüte der goldenen Latinität, die mit Augustus Einzug hielt.

Das schönste, größte Denkmal Roms indes ist jenes, das sich ganz seinem einzigen Zweck unterstellt: der Funktion. Es ist der Aquädukt von Uzès nach Nîmes, vermutlich nach 19 v. Chr. unter Agrippa errichtet, einem Schwiegersohn des Kaisers. »Ich muß gestehen, daß ich nicht geglaubt hätte, ein solcher Bau wie diese Wasserleitung sei möglich, wenn mich nicht jetzt meine Augen überzeugt hätten«, sagt der Pfarrer in Tiecks Erzählung »Der Aufruhr in den Cevennen«. Und das ist beileibe kein erfundenes Lob. Jean-Jacques Rousseau hat seinen Eindruck ähnlich mitgeteilt: »Es war das erste römische Bauwerk, das ich sah. Ich hatte erwartet, ein Denkmal zu finden, das der Hände würdig sein möchte, die es einst errichtet. Aber dieses Werk überstieg noch bei weitem alle meine Erwartungen, und zwar widerfuhr mir das zum ersten Male in meinem Leben. Die Römer allein vermochten eine solche Wirkung hervorzubringen. (...) Ich durchschritt die drei Stockwerke des prachtvollen Gebäudes, und Ehrfurcht benahm mir fast den Mut, meine Sohle auf die Quadern zu setzen. Der Widerhall meiner Schritte unter den mächtigen Wölbungen ließ mich glauben, die kraftvolle Stimme derer zu vernehmen, die sie einst erbaut hatten. Wie ein Insekt verlor ich mich in all dieser Unermeßlichkeit. Und während ich mich so klein fühlte, empfand ich doch irgend etwas, das meine Seele erhob, und seufzend sprach ich zu mir selber: Ach, daß ich nicht als Römer geboren bin.«

»Wie freue ich mich«, schreibt Moritz Hartmann mehr als hundert Jahre später, »die Amphitheater von Nîmes und Arles vor dem Pont du Gard gesehen zu haben; nach diesem wären sie mir klein und häßlich erschienen. Auf diesem großartigsten aller Aquädukte der Welt liegt neben der ganzen riesenhaften Gewalt des Römertums, oder vielmehr verhallend über dieser, ein Reiz von Schönheit und Anmut, wie er sonst den Römerwerken zu fehlen pflegt ...«

Hausenstein hat schließlich diese Ansicht gültig in die Form gebracht: »Man kann das Sachliche nicht größer tun. Man kann das Große nicht sachlicher tun.« Wohl deshalb spricht er auch besonders die Fachleute an. In den Erinnerungen seiner Kindheit hat Marcel Pagnol überliefert, wie sein Großvater, ein Steinmetz, immer wieder sehnsuchtsvoll mit der Familie zum Picknick fuhr und immer wieder an den Pont du Gard. Dort habe er dann den ganzen Tag wie eifersüchtig bei den Bögen gesessen und den Stein gestreichelt. »Wir errichten Mauern aus zugeschnittenen Steinen«, pflegte er zu sagen, »ein Stein muß sich genau in den anderen fügen ... Die Maurer dagegen nehmen die Steine, wie sie kommen, und verstopfen die Spalten mit einem Haufen Mörtel. Auf diese Weise ertränkt der Maurer den Stein und versteckt ihn, weil er nicht gelernt hat, ihn zu bearbeiten.« Die Römer hatten es gelernt: Mörtellos, ganz ohne Bindemittel fügten sie die Quader zusammen, drei Stockwerke aus variierenden Arkaden, knapp fünfzig Meter hoch, 275 Meter lang dort, wo das Wasser lief. In sachtem Bogen stemmt der Aquädukt sich gegen die Strömung des Flusses, unmerklich wie die unbemerkten Unterschiede in den Krümmungen der Bögen, die den Gegensatz von Flußlandschaft und Wasserbauwerk ins Harmonische versöhnen. Durch Stollen hindurch und über Aquädukte hinweg – sechs weitere sind noch bekannt – floß das Wasser von Uzès nach Nîmes: fünfzig Kilometer weit für eine Strecke, deren Enden zwanzig Kilometer auseinanderliegen, unablässig, Tag und Nacht, mit zwanzigtausend Kubikmetern täglich, was heißt, vierhundert Liter für jeden in Nîmes, das damals etwa fünfzigtausend Einwohner hatte. Die Kalkablagerungen an den Leitungswangen sind bis zu einem halben Meter stark: Demnach muß die römische Leitung über mehrere Jahrhunderte bestanden haben. Erst im 16. Jahrhundert wurde aus dem Aquädukt die Brücke, »Pont« du Gard. Man schlug von den Arkadenpfeilern seitlich Stücke weg und schuf so einen Übergang. In den vierziger Jahren des 18. Jahrhunderts wurde schließlich eine ganze Brücke angebaut, und beinahe wäre die Rinne nach 1844 noch einmal in Betrieb genommen worden. Doch für das Zeitalter des technischen Fortschritts war der Aufwand zu hoch: Heute trinkt man in Nemausus Uferfiltrat aus der Ebene der Rhône.

»Kein Zeitalter vermochte in seinen Bauten die Vorstellung der Macht so unwiderstehlich auszudrücken wie das römische«, schreibt Wladimir von Hartlieb in seinem Reisejournal von 1930 (»Das Antlitz der Provence«). Machtanspruch, gepaart mit dem Gefühl für Schönheit: Das ist seiner Auffassung zufolge die Formel für »die zeitlose Wirkung« römischer Baukunst: »Das sieht man diesen triumphierenden Bauten an: das Freisein von aller Furcht, vor allem auf Abwehr Berechneten.«

Das Mächtige der Kaiserzeit ins Prächtige gewendet: Das war auch später nicht mehr einzuholen. Abwehr, Furcht und Mißtrauenskalkül bestimmten nun die römisch-kaiserliche Politik. Im 3. Jahrhundert wechselten die Herrscher binnen fünfzig Jahren fünfzehnmal, nur einer von ihnen starb eines natürlichen Todes. Unter der Last der Völkerwanderung brach das Imperium zusammen. Dann kamen die Vandalen in das Land, die Burgunder, die Westgoten und Ostgoten, die Franken und die Sarazenen, Gefahr brachten auch die Normannen; Ruhe stellte sich da nicht mehr ein. Das Theater in Arles, die römischen Arenen hier wie in Nîmes wurden ausgebaut zur Festung mit vermauerten Arkaden, im Mittelalter waren die Amphitheater gänzlich umgebaut zu kleinen Städten mit Wachtürmen und zahllosen Häusern, errichtet aus den Steinen, wie man sie im Inneren gebrochen hatte. Auch der

Bogen von Orange war mit einem mittelalterlichen Zinnenkranz zur Zitadelle umgebaut worden: Château de l'Arc, und das Theater daneben fand Ludwig Richter 1803 »noch ganz von Häusern und Spelunken um- und verbaut«. Rousseau hat die Arena in Nîmes noch so gesehen: »Dieser mächtige herrliche Zirkus ist von elenden kleinen Häusern umgeben, und noch kleinere und elendere erfüllen das Innere der Arena selber, so daß das Ganze nur einen widerspruchsvollen und wirren Eindruck macht, bei welchem Schmerz und Entrüstung jede Freude und jedes Erstaunen ersticken.«

Wieder staunen wollte erst das folgende Jahrhundert: Nach 1825 wurden die Arenen ausgeräumt und wiederhergestellt, sieben Meter hoch lag der Schutt auf dem Grund der Arena von Nîmes, auch der Bogen von Orange ist damals in seine römische Gestalt zurückverwandelt worden. »Der Anblick ist schauderhaft großartig«, notierte Hartmann im Juni 1851 in Arles. »Obwohl die Sitzreihen (es sollen ihrer zweiundvierzig gewesen sein) fast alle zerstört sind, der Kranz von Bogen, der die beiden noch bestehenden Stockwerke bekränzt hat, gänzlich abgebrochen ist und das Amphitheater nur den Eindruck einer Ruine macht, so ist dieser Eindruck doch gewaltiger, als irgendein großes, unberührtes, mit allen Mitteln wirkendes Gebäude hervorbringen kann.« So kann es ihm zum Vorschein eines künftigen Friedens werden, an dessen Schwelle er sich zu befinden hofft: »Jetzt scheint es in seine beste Phase getreten zu sein, denn es ist weder von Bestien und Gladiatoren noch von barbarischen Parteigängern, noch von hungernden Armen, sondern von tausend und abertausend friedlichen Schwalben bewohnt.«

Das 19. Jahrhundert holte sich die römische Provence zurück, so gut es ging. Im selben Jahrhundert wurde auch damit begonnen, das antike Vasio am Ouvèze-Fluß freizulegen. Ab 1907 grub hier der Abbé Joseph Sautel, bis ihm die Zuschüsse versiegten. Dann fand sich ein Mäzen, der gern ein Schliemann werden wollte: Ein Tabakfabrikant mit Namen Burrus glaubte, grabend einem Burrus der Antike auf die Spur zu kommen. So wurde aus Vaison ein provençalisches Pompeji, und ganze Römerviertel wurden freigelegt mit Fresken, Bädern und Theatern, in denen, wenn auch tot und skelettiert, die römische Antike sich bewundern läßt.

Für die heutigen Besucher ist das römische Erbe zuallererst Ausstellungsstück. So reisen sie darin herum, das Land der Römer mit der Linse suchend – in einer Art von Zeitenthobenheit, die der Reiseautor Jean Hureau spöttisch »Pax turistica« genannt hat. Und dennoch ist nicht alles anders, als es einmal war: »Die gleichen Grillen sangen schon, als Caesar herrschte, und auf den Mauern lag dieselbe Sonne«, sagte Nabokow über die Provence. Wir habe es erlebt in Les Antiques in St-Rémy, es kann sich allerorten wiederholen: Da grenzt an die antike Stätte mit dem Parkplatz ein Olivenhain, die Blätter rascheln leise wie Metall, dazwischen die Zikaden, und eine Herde Schafe weidet dort im Schatten, nahe bei den Bussen. Ein schlanker Hund streicht immer wieder trabend längs der Grenze zu den römischen Relikten, verweist die Tiere, die sich aufgerichtet haben an den Bäumen und vernehmlich Blätter rupfen. Und dann ein Pfiff und ein kehliger Ruf, kurz und unverständlich, südfranzösisch oder provençalisch, auch an altes Griechisch wäre jetzt zu denken: Es geht ein Ruck durch die Herde, die Tiere rauschen die Böschung hinab wie eine Welle und staubend weg in die Oliven, im Schrecken des Pan.

Maria zu Ehren

Sie kamen von fern übers Meer, die Juden hatten sie nach Christi Tod ergriffen und in einer führerlosen Barke, ohne Ruder, ohne Segel, vor Palästina ihrem Schicksal überlassen: Maria Magdalena, die Sünderin von einst, Maria Jakobäa, die Schwester der Jungfrau Maria, und Maria-Salome, die Mutter der Apostel Jakobus d.Ä. und Johannes. Sie hatten bei sich aus Ägypten Sarah, ihre Dienerin, daneben Lazarus, den Jesus von den Toten hatte auferstehen lassen, desgleichen seine Schwester Martha und eine Anzahl Heiliger. Trophimus soll dabeigewesen sein, ebenso Martial, Saturninus, Maximinus und Eutropius. Sie kamen, wie die Griechen einst gekommen waren, übers Meer, und sie brachten eine neue Zeit – wie jene. Die Griechen hatten ihre Gründung von Massalia in einer Sage überliefert, die Verkündigung des Christentums wurde mitteilbar und glaubhaft in Gestalt der Legende. In der Camargue, wo die Antike noch den Eingang in die Unterwelt vermutet hatte, gingen sie an Land. Oppidum Ra soll der Hafenort am Meer geheißen haben. Heute trägt er ihren Namen: Les Saintes-Maries-de-la-Mer.

Tatsächlich ist das Christentum von Süden her, vom Wasser also, in das Land gekommen; hier hatte es schon vor dem Toleranzedikt von Konstantin dem Großen feste Gemeinden gegeben. Die Christenverfolgung war hier vorher schon verboten, zum Konzil lud Konstantin nach Arles, in seine Residenz. Besser zu erzählen war das allemal in der Legende: Die heiligen Marien missionierten die Carmargue, Maria Magdalena zog zur Buße in ein

Felsmassiv jenseits von Marseille, dem ihre Grotte (provençalisch *baoumo*), bis heute seinen Namen gibt: Sainte Baume. Hier empfing sie von St. Maximin, inzwischen Bischof, in der Stunde ihres Todes, 33 Jahre später, ihr letztes Abendmahl.

Lazarus aus Bethanien wurde Bischof von Marseille, Trophimus der von Arles, Martha ging nach Tarascon; jeder trug sein Christentum in eine andere Region. Dauer im Wandel selbst hier: Die keltischen Matronen und auch die mütterlichen Gottheiten der Römer, die Junones, hatte man in einer Trias verehrt. Die Christen hatten wenig mehr zu tun, als sie zu taufen und ihren Lebenswandel gottgefällig zu entwerfen. Das mochte ähnlich auch für ihre Widersacher gelten: Die heilige Martha, des Lazarus Schwester, traf bei einer Rhôneinsel auf ein Ungeheuer, das zu Wasser wie zu Lande leben konnte, Schiffer fraß und unachtsame Kinder. Das war die Tarasque, ein Wasserdrache, den schon die Kelten gekannt und die Römer dann benannt hatten: *tirascurus*. Nach ihm hieß die Stadt an der Furt in der Rhône Tarusco. Mit nichts als dem Kreuz in der Hand soll Martha das Untier bezwungen haben. Andere erzählen von Rittern, die gemeinschaftlich und unter großen Opfern das Schuppentier getötet hätten; dritte wiederum, es habe Martha die Tarasque, recht delikat, mit ihrem Gürtel eingefangen, so wie Brunhild auf dem Brautbett ihren Gatten Gunther: Immer ging es um dasselbe, die Auseinandersetzung mit den Mächten der Natur, verkörpert durch den Fluß, der ungezähmt Verderben bringen konnte. Die siegreichen Ritter aus der zweiten Version sollen gleich am Kampfort eine Stadt gegründet haben, Tarascon, und die bekam im letzten Krieg noch die Bedeutung ihrer zweckmäßigen Lage am Rhôneübergang zu spüren: Sie wurde über weite

Teile in den Boden bombardiert. Die Rhône hat man nach dem Krieg zur Wasserstraße ausgebaut und die Tarasque hat nur im Volksfest überlebt, das seit 1474 in der Stadt gefeiert wird. Da wird sie dann des Nachmittags, ein Ungetüm aus Segeltuch und Weidenholz, durch die Straßen geführt und wedelt mit dem Drachenschwanz.

So wird sie den Touristen vorgestellt, so sieht man sie auf ungezählten Bildern überall im Land, bisweilen auch als Nippfigur, unbeholfen menschenfressend etwa in der drolligen Krippenlandschaft der Klosterkirche von St-Michel-de-Frigolet in den nahen Montagnette, höchst bedeutsam umgedeutet im Museum von Arles: Dort frißt sie ein ums andere Mal die Menschen, daß nur die Beine ihr noch sperrig aus dem Rachen schauen, und auf der Reliefdarstellung »La Tarasque« von 1884 hat sie drastische Zitzen: Aus dem Wasserdrachen *tirascurus* ist ein sirenenhaftes Weib geworden, männermordend wie die Lorelei, nur nicht so verführerisch am Wasser.

Noch einmal kam ein Heiliger vom Wasser her: In Griechenland verschenkte um die Wende zum 8. Jahrhundert ein reicher Kaufmann aus Athen, Aegidius, seine Habe an die Armen – nahm ein Schiffchen, ohne es zu lenken, und landete, wie vor ihm die Marien, an der Rhônemündung. Dort lebte er in einer Grotte, genährt vom Gebet und der Milch einer Hirschkuh. Eines Tages kam ein Mächtiger vorüber auf der Jagd, sein Schuß galt der Hindin, doch Aegidius beschwor den Pfeil im Flug: ein Wunder, das sah auch der Fremde, und er beschloß, am Ort der Jagd ein Kloster zu gründen und es dem mittlerweile heiligen Aegidius zu weihen, St-Gilles nach dem heimischen Namen. So ging Aegidius auf Reisen, der Papst in Rom gab seinen Segen nebst zwei Türen für das neue Kloster. Und dann ein letztes Mal dasselbe Wunder: St. Gilles warf die Türen ins Wasser, wo sie, wiederum von Gott gesteuert, von alleine schwammen bis in die Camargue und mit dem Heiligen gemeinsam bei der Grotte landeten. Das war nun etwas, selbst für die Verstocktesten unter den Zweiflern, ansonsten hätte es des Wunders nicht bedurft, um nachzuweisen, daß das Rhônedelta auserkoren war von Gott als ein Portal für das gesamte Land.

Nach der Völkerwanderung, nach der Bedrohung durch die Goten und die Franken, nach der Besetzung durch die Mauren, die Graf Wilhelm erst 972 aus ihrem letzten Unterschlupf vertrieben hatte – aus Le Freinet im Maurengebirge, (das aber nicht nach ihnen seinen Namen hat, sondern nach dem Wort der Provençalen für Dickicht und Wald: *maouro*), – nach dieser Wirrnis also kam das Land im Mittelalter erst zur Ruhe und zu seiner zweiten Blüte.

Sie hat bis heute überlebt in vielen Kirchenbauten der Romanik; als sich im späten Mittelalter, im Norden zunächst, die gotische Idee des Lichts entwickelte, war die Provence schon wieder der Zerstörung ausgesetzt: Der Albigenserkrieg im 13. Jahrhundert markierte blutig das Vordringen französisch-königlicher Herrschaft im Midi – wer wollte da noch Kirchen bauen?

Wie in den Gründungsmythen, die nun zu christlichen Legenden wurden, wurde auch in der Baukunst das Erbe der Römer erhalten. Dort waren die Probleme schon gelöst, wie man Wände gliederte und große Räume überwölbte. Man konnte es an den antiken Tempeln studieren – am Pont du Gard und den Amphitheatern sieht man es noch heute. Häufig dienten auch die alten Bauten gleich als Steinbruch für die neue Zeit. Wie viele Säulen des

Theaters schmücken heute nebenan in St-Trophime in Arles den Kreuzgang?

Die Forschung hat inzwischen auf die Ähnlichkeit der Bühnenwand des römischen Theaters mit der berühmtesten von allen mittelalterlichen Fassaden hingewiesen, der von St-Gilles: Drei Tore gliedern die Portalanlage, der bilderreiche Schmuck stellt Episoden aus dem Leben Jesu dar in sinnbildhaften Szenen mit Statuen, die gar nicht statuarisch wirken – und auch nicht immer christlich: Hier vereinigt sich Überliefertes mit dem neuen Glauben, selbst ein griechischer Kentaur auf der Hirschjagd läßt sich noch entdecken. »Sie sind uralt nicht erst heute, nach achthundert Jahren, sondern waren es schon in der Entstehung, denn werdend entsannen sie sich fernhin der griechischen Vollkommenheit und der freien Byzantiner«, schreibt Hausenstein über diese Steinfiguren.

Und in die Kirche geht man wie durch einen römischen Triumphbogen: In manchem, etwa im Gespür für große Wirkung, stand das Mittelalter der Antike weitaus näher als uns Heutigen. St-Gilles war dazumal ein Wallfahrtsort mit schätzungsweise vierzigtausend Menschen; heute ist es ein Provinznest mit gut einem Drittel davon, ein Umschlagplatz für die Produkte der Camargue mit billigen Hotels und Restaurants. Nichts, was den alten Glanz verriete. Die Hauptstraße liegt halb erstickt inmitten der Reklame, dann geht es rechts und hügelan, und zwischen »Souvenir Mireille« und dem »Maison de la Presse« erhebt sich überraschend die Fassade der Kirche wie ein Fremdling.

Der Platz heißt »de la République«: Das ehrt die Republik, der Kirche gegenüber aber liest es sich wie Hohn; denn insbesondere die erste Republik hat fortgesetzt, was andere begonnen hatten: die

Zerstörung der berühmten Abtei bis auf die verwüstete Fassade und die Krypta. Erst im 19. Jahrhundert wurde St-Gilles wiederhergestellt.

Im Mittelalter hatten hier die Könige gebetet um Fruchtbarkeit für ihren Leib. Wer aus dem Norden unterwegs nach Rom war, nahm in St-Gilles, das damals einen Hafen hatte, das Schiff und reiste auf der Route des Aegidius. Und schließlich war St-Gilles auch Rastpunkt auf dem Pilgerweg nach Compostela, zum Grab des heiligen Jacobus in Nordspanien. Gott selber, hieß es, hatte den Weg in den Himmel gezeichnet. Und wer schon an die Milchstraße glaubte, der glaubte gerne auch die vielen Wunder längs der Strecke, die dem Weg nach Santiago rasch den Namen einer Via Miraculosa gaben, dankbar mit Spenden quittiert. Bald war der Pilgerpfad gesäumt von vielen Kirchenbauten. Unvorstellbar groß war auch der alljährliche Andrang am Kloster Montmajour. Dort brüsteten sich die Benediktiner demütig einiger Splitter vom Opferkreuz Christi, deren Anbetung Ablaß gewährte – und so hieß auch die Wallfahrt: Pardon. Im Jahre 1409 sollen am Pardon de Montmajour am 3. Mai rund 150.000 Pilger teilgenommen haben, allesamt auf flachen Kähnen, denn der Felsstock des *Mons Major* war noch eine Insel.

Glaubt man der Legende, dann hat Karl der Große Montmajour gegründet. Tatsächlich aber entstand es erst hundert Jahre später. Der gewaltige Kalkfelsen hatte schon in prähistorischer Zeit als sichere Begräbnisstätte gedient. Ringsum gab es nichts als Wasser und Sumpfland, hier aber fand man einen festen Sockel zwischen Arles und dem Rand der Alpilles, in den sich Gräber meißeln ließen. Zu deren Obhut waren im 10. Jahrhundert die ersten Mönche auf die Toteninsel gekommen.

Das Weltenende stand bevor, so glaubte man um die Jahrtausendwende. Da mochte man ein festes Grab, das nicht in Moder und Miasmen langsam unterging, für einen guten Startplatz halten für den Tag des Weltgerichts.

Montmajour blühte auf, erst recht im Glanz der hölzernen Partikel, die ein Papst den Mönchen überlassen hatte: Im 12. Jahrhundert schon wurde das Kloster prachtvoll erweitert. Als Benediktiner waren die Mönche zur Handarbeit verpflichtet, und so verwandten sie die Einkünfte aus dem Pardon zur Trockenlegung des Umlands, Jahr um Jahr und Meter für Meter. Viele starben dabei an Malaria; für ihre Kranken ließen die Brüder auf den Hügeln des Montagnettegebirges eine Stätte der Erholung bauen, das Kloster St-Michel-de-Frigolet, benannt nach der Heilkraft des Thymians, (provençalisch *ferigoulo*), der nirgendwo so reichlich vorkommt wie hier oben. Als im 14. Jahrhundert der Papst das Kloster und die Spendengelder unter seinen Einfluß brachte, kam der Niedergang von Montmajour. Im frühen 18. Jahrhundert gab es eine kurze Neubelebung, aus diesen Jahren stammen die barocken Bauten, die heute auch nur noch Kulisse sind. 1786 schließlich, noch vor der Revolution, wurde dann das Kloster aufgehoben. König Ludwig XVI. selber hatte die Schließung verfügt: Es war ein Ende, wie geschaffen fürs Theater, und tatsächlich hat Goethe die Vorgänge und Hintergründe der Affäre wenig später in seinem Lustspiel »Der Groß-Cophta« aufgegriffen: Da tauchte in Paris ein Halsband auf, so auserlesen kostbar, wie noch keines je gewesen war. Das war nicht einmal für die Königin erschwinglich – oder doch? Der Abt von Montmajour, Prinz Rohan, ließ sich hinreißen von der Idee, er könne, als ein Mittelsmann, Marie-Antoinette diskret zu dem Schmuckstück verhelfen – und sich im Gegenzug zu königlicher Gunst. So hatte man es ihm betrügerisch ins Ohr geblasen: Da gab es einen Brief der Königin, es gab sogar ein Rendezvous – nur waren Brief wie Königin gefälscht. Rohan kaufte, keiner zahlte, die Halsbandaffäre flog auf.

Das war das Ende. Die Klosterbauten wurden verkauft und waren nach der Revolution für lange Zeit nur Willkür, Wind und Wetter überlassen; Teile wurden abgerissen, andere verändert und als Wohnungen genutzt, das Inventar war längst geplündert und verhökert worden. Dann kaufte Arles die Ruine und sicherte die Restaurierung. »Halbverfallene Stufen, spitzbogige Fenster in Ruinen, weiße Felsblöcke, vom Geröll zusammenfallender Mauern bedeckt«: Das sah van Gogh, der es nicht weit hatte von der Place Lamartine. Heute kommen statt der Pilger die Touristen; im Frühjahr finden sie den Felsen über einem gelben Meer von Raps, darüber zittert in der Hitze der mächtige Turm, der wohl auch beim Pardon von 1409 nicht recht zu einem Kloster passen mochte. Wenn sie die abertausend Kähne hinüber zu der Toteninsel steuerten, dann mag allein der Anblick schon den Pilgern Zuversicht verbreitet haben: Was Hunderttausend glaubten, kann nicht falsch sein. Doch der Turm des Jahres 1369 ließ sie nie vergessen, daß sie in ungewissen Zeiten lebten.

Der Glaube an den Christengott war nicht allein mit den sanften Marien gekommen, auch mit Gewalt: Trophimus soll in Arles ein Marmorbild der Göttin Venus in den Staub geschmettert haben mit nichts als frommen Worten. Um ihres Glaubens willen hatten die Marien fern in Palästina Verfolgung leiden müssen, in ihrem Namen wurden später andere an ihrem Zufluchtsort verfolgt. Das mochte hie und da sehr ähnlich sein; es durfte doch nicht als dasselbe gelten. Schon Augustinus hatte unterschieden zwischen gerechter und ungerechter Verfolgung, zwischen Verfolgung aus Liebe und Verfolgung aus Wut: Wer wegen der Gerechtigkeit Verfolgung leide, der sei glückselig; elend aber seien jene Gottlosen, die wegen ihrer Ungerechtigkeit Verfolgung litten. Das brauchte man nur aus der Leideform in einen Auftrag umzuwandeln: So ließen sich Kreuzfahrerheere armieren; so ließen sich auch Wehr und Waffen finden gegen Dissidenten, und in den Albigenserkriegen borgte sich zuletzt der Stärkere bei Augustin die Gründe für sein gottgefälliges Gewissen.

Albigenser hießen im südlichen Frankreich die Mitglieder der manichäischen Katharersekte nach dem Hauptsitz Albi im Languedoc. Sie waren Ketzer nach dem orthodoxen Glauben, ja, sie brachten erst den Namen Ketzer in die Welt als spätes Lehnwort aus dem neulateinischen Wort *cathari:* die Reinen. Es gab auch eine umgekehrte Variante zur Erklärung ihres Namens. Sie hießen füglich »Kätzer«, so der Zisterzienserphilologe Alanus ab Insulis, weil sie bei ihren schwarzen Messen rituell einer Katze (*cattus* auf lateinisch), horribile dictu, das Hinterteil küßten!

Was taten sie nun wirklich, und warum wurden sie so sehr gehaßt? In seinem Buch »Die große Ketzerei« (Berlin 1984) hat Lothar Baier jenseits aller theologischen Finessen jene Glaubensgüter aufgestellt, die der herrschenden Kirche – als einer der Herrschenden – bedenklich werden mußten: »Herausgefordert sah sich die etablierte Kirche weniger von den theologischen Spekulationen der häretischen Gelehrten als von der einfachen katharischen Botschaft, die jedermann zugänglich war: daß die irdische Welt zum Reich des Satans zählte, daß sie des Teufels war. Wer aber glaubte, daß ihn keine Hölle mehr erwartete, weil er schon in der Hölle lebte, der war mit der Androhung von Höllenstrafen nicht mehr zu packen.

In der Grafschaft Toulouse hatten die Katharer reichlichen Zulauf. Die Inquisition erstellte besorgte Dossiers. Papst Innozenz III. schrieb 1204 an den König von Frankreich: »Du mußt den Grafen von Toulouse aus dem Land jagen, das er im Besitz hat, und es den Sektierern entreißen und es guten Katholiken geben, die unter deiner glücklichen Herrschaft treu dem Herrn dienen können.« Das klang verlockend, auch für den König, denn immerhin gehörte der Süden überhaupt nicht zu seinem Gebiet. Der Graf von Toulouse indes, Raimond VI., begünstigte die Albigenser und wurde dafür exkommuniziert.

Dann kam ein Attentat der Politik zu Hilfe: 1208 lud Raimond einen päpstlichen Legaten, den Zisterzienser Pierre de Castelnau, zu einer Unterredung auf sein Schloß nach St-Gilles. Der Mönch kam nicht mehr lebend bis nach Hause: Es hieß, Graf Raimond habe ihn im Streit bedroht, und denken läßt es sich zumindest, daß der Mörder aus der gräflichen Schatulle seinen Lohn bezog. Doch wer fragte überhaupt noch nach Beweisen? Besser war ein Feldzug nicht zu provozieren: »Erhebt euch, Soldaten Christi!« predigte der Papst, »vernichtet durch Gewalt und Schwert diese Häretiker, die viel gefährlicher sind als die Sarazenen.«

Das hatte es zuvor noch nie gegeben: einen Krieg unter Christen. Noch einmal sah es in St-Gilles so aus, als ließe sich das Ärgste noch vermeiden: Der Graf tat Buße. Drei Erzbischöfe und neunzehn Bischöfe reisten eigens nach St-Gilles, man bot Reliquien auf und den Sarg des Ermordeten: Raimond wurde einer großen Menge vorgeführt mit nackter Brust und einem Strick um den Hals. Der Nachfolger des hinterrücks gemeuchelten Legaten peitschte Raimond durch die Kirche: Es war doch bloß ein Schauspiel für die Menge. Das Söldnerheer war längst schon unterwegs, und wenig mehr als einen Monat später stand es vor Béziers. Innozenz' »Soldaten Christi« nahmen die Stadt und machten nieder, wen sie fanden, gleich, ob Ketzer oder Katholik, siebentausend allein in der Kirche, zwanzigtausend in Béziers. »Tötet sie, denn der Herr kennt die Seinen«, so soll ein Abt sie angefeuert haben. Mit Sündenablaß wurde den Kriegern der auf vierzig Tage angesetzte Kreuzzug honoriert, des weiteren, zumindest ihren Führern, mit manchen Aussichten auf südliche Gefilde, die Beute aus den Plünderungen nicht gerechnet. Spekulanten aus dem Norden schossen Kapital vor, Zinsen gab es für alle: Simon de Montfort, der Anführer der Expedition, war schon nach vierzig Tagen Vizegraf von Béziers und Carcassonne. Der Kreuzzug gab sich zu erkennen als ein Kolonialkrieg. Da kamen Pilger in Waffen aus Flandern und Bayern, Spanien und aus der Picardie, die Beuteländereien wurden aufgeteilt, vor allem unter den Franzosen. Mit immer neuen Greueltaten wurde jeder Widerstand im Keim erstickt: Bei Carcassonne, 1210, hackten sie den Überlebenden die Nasen ab und stachen ihnen beide Augen aus, nur einem ließ man eines, daß er den Rest zum nächsten Gegner führe – zu nichts als Propagandazwecken. Als die Horden der Franzosen, nun schon angeführt vom König selber, 1226 abermals entlang der Rhône südwärts zogen, kamen die bedrohten Städte jeglichem Blutbad zuvor: Orange, Nîmes, Tarascon, Arles und Marseille huldigten der Krone. Avignon schloß sich an – nach Zögern und Belagerung. Drei Jahre später waren die Provinzen endgültig geschlagen. Barfuß und im Hemd wie einst sein Vater ließ sich Raimond VII. wieder blutig prügeln und sein Dasein fürderhin bei frommem Kerzenlicht diktieren. Aber diesmal nicht zu Hause in St-Gilles, sondern fernab in Paris, der Hauptstadt von dereinst, in Notre-Dame, dem Wunderwerk der Gotik, Maria zu Ehren vermutlich. Als Kronlehen für die Feudalaristokratie geriet die Provence nun immer stärker unter den Einfluß des Königs, 1481 fiel sie schließlich mangels Erben gänzlich an Ludwig XI. »Während die Katharer der einheitlichen Kirchenordnung zuliebe ausgerottet wurden, ebnete der gegen sie geführte Vernichtungsfeldzug den Weg zur Bildung des französischen Nationalstaats.« So noch einmal Konrad Baier über einen Krieg, der zwanzig Jahre dauerte.

Gefoltert und gemordet hatten auch die Katharer. Bei einem ihrer Gegenschläge schnitten sie den Unterworfenen die Zungen aus dem Mund – als rächten sie schon vor der Zeit, was ihnen insgesamt bevorstand: den Verlust ihrer Sprache. Als *terrae linguae occitanae* hatte man die südlichen Landstriche Frankreichs zu jener Zeit bezeichnet, hier sprach man *langue d'oc* (benannt nach dem gemeinsamen Wort *oc* – lateinisch hoc –) im Gegensatz zum Sprachgebrauch im nördlichen *langue d'oil* wo man für ja *oil* (hoc ille) sagte: *oui.* Das Provençalische war wie das Französische auch aus dem Vulgärlatein hervorgegangen, im Süden gleichberechtigt dem Latein als Amtssprache: Es war die Sprache der Verwaltung wie des Volkes – und es wurde im 12. Jahrhundert die Sprache der ersten Kunstlyrik des Abendlands.

Vielzitiert sind Ludwig Uhlands Verse »In den Talen der Provence / ist der Minnesang entsprossen / Kind des Frühlings und der Minne, / holder inniger Genosse«. Hier war im 12. Jahrhundert, und fast wie aus dem Nichts, eine neue Weise lyrischen Sprechens – oder besser: liedhaften Gesangs – entstanden, ein neuer Inhalt, eine neue Form, und beides wurde mustergültig in Europa. Das neue Thema war die hohe Minne, eine formvollendet sublimierte Form der Liebeslyrik, die wenig später auch in Deutschland Ausdruck einer »höfischen«, vom Hofe kommenden, idealen Kultur wurde. Aus Verehrung wurde ein gleichermaßen verfeinertes wie verfeinerndes Lehensverhältnis zur Dame – so die Fiktion dieser Lyrik –, aus bloßer Liebe wurde Kunst; und es war gewiß der größere Teil dieser Kunst, aus dem Boden dieser stilisierten Sprechanlässe immer wieder überraschend neue Blüten sprießen zu lassen. So wurde Minnedichtung Formkunst in Vollendung. Der Endreim wurde vorgeschrieben, die Silbenzählung eingeführt, ein fester Strophenbau Gewohnheit: Noch Dante, Tasso und Petrarca schrieben in der Form der provençalischen Kanzonen, selbst das klassische Sonett ist hier schon angelegt. Die Form entsprach dem Inhalt, beides dem Programm dieser Dichtung: Aufstieg durch Beschränkung, Maß als Anlaß zur Vervollkommnung – und als »Spiel-Raum« zugleich. Die *trobadors*, wie diese Minnesänger hießen nach dem Wort für »finden« und »erfinden«, reichten ihre Verse und die Melodien innerhalb Europas weiter. Als Dichtersprache war das Provençalische beliebt auch bei den Nachbarn. Man trug die neuen Ideale im Lied vor sich her wie ein Banner, als sollte einmal sich das Leben nach der Dichtung richten.

Die blutige Vernichtung der Katharer ließ auch

diesen Traum zunichte werden. Zur selben Zeit, da Montségur genommen wurde, sank der Minnesang in der Provence hinunter zur Bedeutungslosigkeit. Sein Nachklang war nur noch ein Verseklappern.

Die Eindringlinge aus dem Norden und die Mönche konnten meist dem Okzitanischen kaum folgen; ihre Sprache war das letzte, was die Menschen im *langue d'oc* zu einer Einheit verband. Anders ausgedrückt: Sie war gefährlich. 1539 wurde sie durch Franz I. im Edikt von Villers-Cotterêts als Amtssprache durch das Französische ersetzt. Die Provence war wieder auf dem Weg, Provinz zu werden. Frankreich wurde für die Menschen in den alten *terrae linguae occitanae* zum Vaterland auf Kosten ihrer Muttersprache, in den Schulen war die *langue d'oc*, ganz konsequent, verboten: »Als wir zur Schule kamen, konnten wir kein Wort Französisch«, so ein Bauer aus dem Süden über seine Schulzeit zu Beginn unseres Jahrhunderts, »es war, als hätte man uns in ein fremdes Land geschickt. Jedesmal, wenn ein Schüler das sprach, was die Lehrer ›Dialekt‹ nannten, hängte ihm ein Petzer, ein ›Schandzeichen‹ an, das er möglichst schnell wieder loswerden mußte, indem er es einem Kameraden weitergab, wenn der sich seinerseits auf okzitanisch ›vergaß‹. Abends wurde der letzte Träger des Schandzeichens streng bestraft.«

Zur Sicherung ihrer Macht hatte die Kirche 1233 die Inquisition den Dominikanern übertragen: dem Orden, der in seiner Neigung zur Askese der Albigensersekte eigentlich recht nahestand, den Ketzern dadurch aber desto eher auf die Schliche kam. Aus einem Instrument der Gewissenserforschung war ein Werkzeug der Verfolgung geworden, das nach 1252 mit päpstlicher Lizenz zum Folterwerkzeug werden konnte. Und unter Bernhard Gui, dem Inquisitor von Toulouse, erlebte die dominikanische Inquisition im 14. Jahrhundert ihre systematische Entfaltung.

Dies alles haben die Figuren von St-Gilles erlebt, auch den Bildersturm von 1562, als den Heiligen aus Stein die Köpfe abgeschlagen wurden und man die Mönche zwischen Rauch und Flammen einfach in den Brunnen stürzte. Doch die Steine verraten das den Besuchern nicht. Was sie erzählen wollen, ist noch immer die Geschichte von Passion und Weltgericht, die vermutlich Meister aus ganz Frankreich ihnen abgezwungen haben.

Die Figuren des Portals von St-Trophime in Arles haben alle Wirren besser überstehen können. Wirklich zugesetzt hat ihnen erst die Luft des 20. Jahrhunderts. Inzwischen sind sie restauriert, nun läßt sich ihre zeichenhafte Bildlichkeit erneut studieren. Fraglich aber bleibt es, ob sie jemals wieder so lebendig werden wie in dem Eindruck eines Reisenden, der gar nicht hier gewesen ist: »Ich sah einen Thron, der gesetzt war im Himmel, und auf dem Thron saß Einer, und Der Da Saß, war streng und erhaben anzusehen, die weitgeöffneten Augen blickten funkelnd auf eine ans Ende ihrer irdischen Tage gelangte Menschheit. Prächtige Locken und ein majestätischer Bart umrahmten sein Antlitz und fielen auf seine Brust gleich den Wassern eines Stromes in lauter ebenmäßigen und symmetrischen Wellen«. Das ist ein Anblick, nur ekstatisch zu bestaunen: »Und vor dem Thron, zu Füßen des, Der Da Saß, war ein gläsernes Meer wie aus Kristall, und um den Sitzenden, um seinen Thron und darüber, sah ich vier schreckliche Tiere – schrecklich für mich, der ich sie hingerissen betrachtete, aber lieblich und süß für den Sitzenden, dessen Lob sie sangen ohn' Unterlaß.«

Das ist erlebt im Jahre 1327 in Italien, erfunden aber für die Gegenwart des 20. Jahrhunderts: Umberto Ecos Mittelalter-Meisterstück »Der Name der Rose«. (Erster Tag, Sexta. Der Beginn des Kapitels).

Das ist zugleich die Harmonie der Weltsicht, die herrührt aus dem Glauben an die Schrift und an »die stumme Rede des bebilderten Steins«, wie der Chronist es selber nennt, denn »pictura est laicorum literatura«. Noch ist der junge Adson von Melk dem Gegenspieler nicht begegnet: Der Inquisitor Bernhard Gui, eben jener aus Toulouse, trifft später erst ein in der wundersamen Abtei des Romans. Nur im Kunstgriff des Erzählens, das die Ikonographie des Mittelalters sorgfältig zurückverwandelt zum Erlebnis, ist Vergegenwärtigung noch einmal möglich. Sie schafft, bei allem, was sie leistet, nur eine trügerische Nähe. Der Blick von heute sieht da anders, und wenn er nur genau ist, sieht er auch den Unterschied, den Abstand zu uns Heutigen. Auch van Gogh entdeckte St-Trophime für sich bei seinem Aufenthalt, und auch er hatte eine »Vision«, wie es Adson nennt im Buch, ein »Traumgesicht«, doch er war fertig mit der Kirche, er hatte sich verdingt als Prediger bei einem Methodistenpfarrer und hatte dabei, wie er meinte, »dem gegenwärtigen Christentum zu tief in die Karten geguckt«. So sah er gänzlich anderes und schrieb es seinem Bruder: »Hier ist ein Portal, das ich allmählich wunderschön finde, das Portal von St-Trophime; aber es ist so grausam, so ungeheuerlich, wie ein beängstigendes, fratzenhaftes Traumgesicht, so daß selbst dieses schöne Monument von so großem Stil mir wie zu einer anderen Welt gehörig erscheint, und ich ebenso froh bin, nicht zu ihr zu gehören wie zur glorreichen Welt des Römers Nero.«

Maria – Marius – Mirèio

Für ihren Glauben hatten sich die Katharer verstümmeln und verbrennen lassen – und nicht auch für ihr Land? Ihre Feinde, immerhin, waren auch und vornehmlich politisch motiviert gewesen. »Es liegt deshalb nahe«, schreibt Lothar Baier, »der Katharer nicht nur als Märtyrer ihrer vom Dogma abweichenden Überzeugung zu gedenken, sondern auch als Märtyrer der regionalen Autonomie und Eigenart.« Als Ende einer Utopie läßt sich danach ihr Untergang begreifen. Näher war man einem einigen und autonomen Süden niemals mehr als damals.

Später war er nur im Traum noch möglich. Der Dichter Wulf von Niebelschütz entwarf noch 1959 einen idealen Staat des Mittelalters in den Grenzen der Provence, den er »Kelgurien« nannte – ein »keltisches Ligurien« gewissermaßen als Vor-Bild einer großen Harmonie in einem aristokratisch geordneten mediterranen Gebiet. Die Flüsse Rhône und Durance heißen Tec und Gallamassa, die Städte Rodi, Cormons oder Lorda und meinen dennoch Arles und Aix und Avignon, und Barral von Ortaffa, der Herzog von Kelgurien, lebt am Ende fort in den Balladen, »und noch dreihundert Jahre später, mit abergläubischer Scheu vor dem bemoosten Brautfelsen stehend, glaubte das Volk ihn nicht gestorben, sondern es glaubte ihn zurückgekehrt in seinem Nachfahren aus dem Stamme Roana, dem guten König, der an den Ufern des Tec die Reben schnitt, Gärten bestellte und in einer Welt voll Kriegslärm den Frieden wahrte«.

Der »gute König«, Graf René I., ist in »Kelgurien« bis heute populär, ein kultivierter Souverän, ein

Hommes de Lettres ohne Zweifel, auch wohl ein Musiker und Maler, der die Wallfahrt zum Dorf der heiligen Marien eingeführt hat, auch die Feste der Tarasque in Tarascon, wo noch heute seine Burg am Ufer steht, unversehrt beinahe, als wohnte er noch immer dort, der eine Nelkensorte, die Muskatellertraube und mit der Seidenraupenzucht dem Land den Maulbeerbaum beschert hat; und doch war er ein glückloser Herrscher, dem alle Ländereien mit der Zeit abhanden kamen, nur nicht das Land seiner Liebe: eine rechte Erscheinung der Endzeit. Fünfzig Jahre währte seine goldene Regentschaft. Sein Nachkomme starb schon 17 Monate darauf und ohne Kinder: Erbe wurde der König von Frankreich.

»Das ist die Geschichte der Provence – das ist auch die Geschichte der provençalischen Sprache«, schreibt Wladimir von Hartlieb zum Abschluß seines leidenschaftlichen Exkurses über jene Zeit bis 1481. Von nun an wird der Süden immer mehr zum Sonderfall französischer Geschichte. 1486 wird die Union mit Frankreich von den maßgeblichen Ständen in Aix-en-Provence ratifiziert. Ab 1660 gilt die Provence in Paris als Provinz, 1789 gibt sie ihre Rechte auf, ihr Name wird getilgt aus den politischen Atlanten.

Der ganze Süden, nicht nur das Gebiet der alten Grafschaft Provence, war nun ein Teil von Frankreich. Das Fürstentum Orange, vor Zeiten untertan dem Grafen Wilhelm von Nassau, dem Statthalter der Niederlande, war schon 1713 hinzugekommen. Den Niederländern blieb als Souvenir das Herrscherhaus Oranien und seine Farbe bis heute: Orange. Das Comtat Venaissin schließlich, das Land östlich Avignons, päpstliche Grafschaft seit 1274, schloß sich 1790 Frankreich an. Papst Pius VI. gab dann 1797 wenn nicht seinen Segen, so doch seine

Unterschrift dazu. Die Karte Frankreichs hatte keine weißen Flecken mehr.

Die Provinzen haderten indes mit ihrer Zweitklassigkeit: Im Sommer 1847 fuhr ein junger Mann nach Nîmes, um dort sein Baccalaureat zu machen, sein Abitur. Er kam aus einem Dorf, er fühlte sich nicht wohl im eleganten Nîmes. Am Ende traf er seinesgleichen, Bauern aus den Nachbardörfern, sie kamen ins Gespräch, und lange brauchte es, bis er den Marktbesuchern aus der Heimat den Zweck des Aufenthalts erklären konnte. Er nannte die Sprachen, die er studiert hatte, die Jahreszahlen der Geschichte, die er alle wußte, dazu seine Kenntnisse aus der Natur. Die Bauern fragten ratlos nach dem Nutzen von dem allen: Dann sollten die Gelehrten doch, so meinte einer schließlich, dem Mistral das Handwerk legen – dem Wind, der Saat und Vieh verheere. »Das will die Regierung nicht«, sagte bedächtig ein alter Gärtner. »Wir würden sonst zu reich, und die Pariser wären nicht mehr die Ersten.«

Der junge Mann hieß Frédéric Mistral. Der Zwischenfall beim Abitur hat ihn wohl sehr beeindruckt, so wußte er ihn noch für seine Biographen. Er vor allem war es, der im vergangenen Jahrhundert der provençalischen Erneuerungsbewegung Renommée verschaffte. Er beugte sich zurück bis weit ins Mittelalter »mit dem bewußten Ziele«, so August Bertuch, sein gelehrter Übersetzer, »die seit den Albigenserkriegen unterdrückte und in Verfall geratene provençalische Sprache von dem Schutte des in sie eingedrungenen Französischen zu reinigen und sie wieder zur Höhe einer Schriftsprache zu erheben«. Was er verfolgte, war eine kulturelle Renaissance, keine Revison der Politik. Ausdrücklich wird in seinem Hauptwerk »Mirèio« René der Gute auf dem Sterbebett zitiert mit einer visionären

Sicht des Status quo von heute: »Der Rhônestrom, der flutenreiche, / Saugt die Durance auf: Das Gleiche / geschah dem heitern Königreiche: / Denn endlich schlief Provence an Frankreichs Busen ein. / Sei du ihr Hort im Schwesternbunde / Frankreich! Rief in der Sterbestunde / Ihr letzter König aus. O schreitet Hand in Hand, / Um euer Werk mit Ruhm zu krönen, / das Starke du mit ihr, der Schönen …« – Im Bild aus der Natur wird der Konflikt entschärft, denn die Durance hatte nie eine Alternative zur Rhône.

Die Wiege Mistrals stand 1830 in dem Dorf Maillane bei St-Rémy; heute steht sie in Arles im Museum: Ausdruck einer einzigartigen Karriere. Auch der Höhepunkt ist im Museon Arlaten zu sehen, die Apotheose in der Arena, auf einem Bild von Belon: die Frauen springen auf, die Männer ziehen ihre weißen Hüte, stehend dankt Mistral. Als Kind besuchte er das Knabenpensionat des Monsieur Donat im Kloster St-Michel-de-Frigolet, mit zehn dann das Collège Royal in Avignon. Hier traf er Joseph Roumanille, seinen Lehrer und Mentor und späteren Freund. Auch Roumanilles Bekehrung zu der alten Sprache der Provence ist anekdotisch überliefert. Mit 17 Jahren, 1836, hat er, so heißt es, ein Gedicht in einer Zeitung veröffentlicht. Als er es stolz der Mutter zeigt, kann die an seinem Glück nicht Anteil nehmen: Sie spricht kein Französisch, und Roumanille beschließt, künftig nur noch in der Sprache seiner Mutter Poesie zu schreiben.

Sie treffen sich in ihrer Liebe zur Vergangenheit, der Lehrer und sein Schüler. Ein Jurastudium in Aix kann Frédéric kein neues Lebensziel mehr bieten, und 1854 gründen sie bei einem Essen – gemeinsam mit Freunden – den Bund der *felibrige.* Allein der Name war schon ein Programm: Ein Kunstwort nach dem Provençalischen mit wechselnder Bedeutung: »Schriftgelehrter« hieß es zunächst in einer provençalischen Legende; im Spätlateinischen bedeutete *felibris* anfangs »Pflegling« und meinte wohl auch den, der Pflege gibt; häufig wird *felibrige* dann auch mit »die Treuen« übersetzt. Ihr Trachten galt der alten Sprache und der alten Zeit. In dreißig Jahren trug Mistral ein Wörterbuch zusammen, »Lou Tresor dóu Felibrige«: rund 2400 dreispaltige Seiten im Quartformat. Ein anderer schuf eine Grammatik dazu. Sie alle schrieben Epen und Gedichte aus dem Stoffkreis der Vergangenheit und nannten einander Homer, Vergil, Petrarca der Provence. Sie waren getragen von hohen Idealen, moralischem Anspruch, manchmal blieb ihr Werk auch in der guten Absicht stecken.

»Mirèio« aber (»Mireille« auf Französisch), war ein einsamer Erfolg, und das aus gutem Grund. 1859 war Mistral mit seinem Erstlingswerk hervorgetreten; sieben Jahre hatte er daran gefeilt, sich immer wieder deklamierend seines Klangs versichert. Als es erschien, verkündete der große Lamartine: »Ein großer epischer Poet ist geboren«. 45 Jahre später, 1904, erhielt Mistral dann den Nobelpreis.

Der Inhalt von »Mirèio« ist rasch erzählt: Es ist die uralte Geschichte einer Liebe, die nicht sein darf. Mirèio ist die Tochter von Meister Ramoun, einem reichen Pächter. Sie verliebt sich in Vincèn, den Sohn des Korbmachers Ambròsi, und kann ihn doch nicht haben. Gleich drei Verehrer weist sie ab, es hilft ihr nichts, auch als sie sich den Eltern offenbart: Ihr Vater verwünscht sie und verwehrt ihr vorsorglich den Umgang mit Vincèn. So flieht sie des Nachts aus dem Haus, durcheilt das Land und die Camargue, sucht Hilfe bei den heiligen Marien und bricht dort, von der Sonne getroffen, zusammen und stirbt. – Gewiß, die Fabel ist nicht originell. Das war sie auch schon nicht zu Shakespeares Zeiten; vor »Romeo und Julia« gab es bereits Ovids »Pyramus und Thisbe«: eben irgendeine Love-Story, und unter diesem Titel wurde sie noch einmal populär in unseren Jahren. Erich Segals Bestsellererfolg bedient sich fast derselben Mittel, nur daß es nun das Mädchen ist, das mit seiner Liebe die anderen daran erinnert, daß sie nichts so lieben wie ihr liebes Geld. Ansonsten alles wie gehabt, und hier wie da enthebt der Tod am Schluß den Dichter unverdient der Lösung aller fälligen Probleme, die er sich mit seiner Fabel eingehandelt hat. Das ist ein Stoff für Hollywood, nichts für die schwedische Nobelkommission. Doch schon Lamartine erkannte, was »Mirèio« einzigartig machte. Er schrieb, mit Pathos an Mistral gewandt: »Du gehörst einem anderen Himmel und einer anderen Sprache an, aber du hast mit dir gebracht dein Klima, deine Sprache und deinen Himmel.« In zwölf Gesängen schildert Frédéric Mistral zwar zum einen seine rührende Geschichte, doch daneben – und vor allem – ist »Mirèio« die Geschichte seiner Liebe zur Provence. »Ich schenke mein Herz der Provence wie einer Geliebten«, soll er gesagt haben: Liebe zur Heimat als sublimierte Erotik. Schon die Form erinnert an die mittelalterlichen Verserzählungen: Man schließt die Augen, und man meint die *trobadors* zu hören – wie vor siebenhundert Jahren. Die Geschichte, die erzählt wird, ist da lediglich ein Vorwand, nichts meint einfach die Affäre zweier Herzen, alles deutet über sich hinaus in diesem Epos. Hier finden sich die provençalischen Legenden aufgehoben, die heiligen Marien, Martha, wie sie die Tarasque bändigt; die Lis-Antico, die Monumente Les Antiques, die heidnisch-römische Vergangenheit und ihre Überwindung durch das Christentum in Arles, die Päpste in Avignon, die zarten Feen wie der Hexensabbat und selbst die Mücken der Camargue. Die Zeit des Mittelalters und der Liebeshöfe wird heraufbeschworen, der gute König und das biedere Tagwerk der Bauern, die Blätterlese für die Seidenraupen, die Feldarbeit, das Ährenlesen, Flora und Fauna der Heimat, noch die Frauentracht im Land um Arles ist da vier Strophen wert. Überdeutlich wird diese Typisierung anhand der Konkurrenten: Alàri steht da mit seinen tausend Schafen für die Tradition der Hirten; Veran nennt hundert Schimmelstuten sein, und Ourrias ist Herrscher über hundert Stiere der Camargue.

Was immer noch im Volk vorhanden war an kollektiven Spuren der Vergangenheit, wird hier verklärt und findet Anschluß an die Gegenwart. Dies alles im Werk eines einzigen Mannes, eines Mannes von moderner Bildung. Das war nicht frei von Mißverständnissen: Als Lamartine den Schützling in Paris empfiehlt, wo er gelehrt zu reden weiß, hält einer inne, ganz verwundert: »Sie sind Mistral, Sie?« Und als Mistral bestätigt, aber ja, er sei es, er sei Mistral: »Aber sind Sie denn kein Hirte?« Das war der erste, der naiv in seiner Vorstellung befangen war, es ließe sich die Harmonie von einst erwecken durch Erinnerung. Die Form alleine hätte warnen müssen: Als hätten Hirten jemals so gesprochen! Mistrals »Mirèio« war der kunstvoll kalkulierte Entwurf einer Provence, die es so nicht gab und wohl auch nie gegeben hatte, der Versuch, sich auszusöhnen mit den Widrigkeiten der Vergangenheit, das Innewerden einer eigenen Identität; und was er schuf mit seinen Freunden, war eine Heimat, wo es sich wohl besser leben ließ, doch eine Welt bloß aus Wille und Vorstellung.

Das war in einem derart zentralistischen Gebilde wie Frankreich durchaus von politischer Bedeutung, doch es wirkte zugleich auch beschwichtigend: Regionalismus, kein Separatismus.

Ähnlich ist es mit Alphonse Daudet: Auch seine drolligen Geschichten sind ja nicht verläßliche Berichte, sondern Vorschläge: So könnte, ja, so sollte man den Süden einmal sehen. Die meist possierlichen Erzählungen aus »meiner Mühle« mochte man sich da gefallen lassen, dem Aufschneider aus Tarascon hingegen hätte man das Gastrecht im Midi am liebsten verweigert, nicht einmal seinen Namen wollte man ihm gönnen: Der war gedacht als »Barbarin de Tarascon«, doch davon gab es schon einen am Ort, und ehe sich die honorigen Barbarins ihre Reputation in den Schlamm der Rhône ziehen ließen, zogen sie doch lieber vor Gericht. So kam der Löwenjäger aus der Kleinstadt an den förderlichen Stabreim im Namen – eine Schnurre für sich, würdig als ein Epilog der südlichen Groteske.

Das alte Mißverständnis also, das Bild gleich für die Wirklichkeit zu halten. Nehmen wir sie daher als ein Angebot, Daudets Geschichten und das Epos von Mistral, denn als solches haben sie gewirkt. Und dies zu einer Zeit, als die Provence daranging, sich ihrer selbst gewahr zu werden. Was wäre das Bild der Provence ohne sie! Und warum sonst wohl werden beide so verehrt im Land um Arles, vor allem Mistral? Ausdrücklich ist »Mirèio« auch gemeint als Paradigma. Schon ihr Name verrät es: »Semblo la bello Mirèio« war eine Redensart in der Provence: schön wie die schöne Mireille. Doch der Name bedeutet noch mehr: Nach der Erklärung Mistrals stammt er vom jüdischen Miriam ab – genauso wie Maria. Mirèio, gegen Ende, im elften Gesang, zur makellosen Märtyrerin der Liebe erhöht, sucht also nicht nur Zuflucht bei den heiligen Marien, sondern ist fast selber eine: eine Heiligenfigur im niedlichen Folklore-Habit, die zeitgenössische Inkarnation des alten Glaubens und überdies der provençalischen Geschichte, denn ihr Vater, provençalisch Ramoun, ruft schon im populären Namen die Erinnerung herbei an die Grafen Raimond von Toulouse. Nichts erinnert aber an die Toten aus den Albigenserkriegen, es bleibt ein Bild von Harmonie. Marius schlug die Teutonen; so steht sein Name für die römische Provence, die nach ihm folgte. Maria ist das Kennwort für die mittelalterliche Tradition. Mirèio schließlich ist das Paradigma für die Renaissance des 19. Jahrhunderts, in der zugleich die alten Zeiten aufgehoben sind. Das römische Erbe steht neben dem christlichen, an beides knüpft das 19. Jahrhundert an, und dem heutigen Besucher sind die Namen Anhaltspunkte, mit denen er sich seiner eigenen Provence versichern kann: Maria, Marius, Mirèio.

Und Vincèn? Das ist nun fast wie eine Fügung, denn drei Jahrzehnte später schreibt van Gogh an seinen Bruder Theo: »Wenn die Felibres erst einmal von meiner Existenz hier Notiz nehmen, so werden sie alle in das kleine Haus kommen. Da ich die Provence ebenso bedingungslos liebe wie sie, habe ich wohl ein Anrecht auf ihre Beachtung. Wenn ich jemals von diesem Recht Gebrauch machen will, so ist es, damit meine Bilder hier oder in Marseille bleiben ... «.

Doch Vincent wird nicht erhört, so wenig wie Vincèn bei Mistral. Noch paßt sein Traum von Licht und Farben nicht zu dem Traum der *felibrige* obwohl sie beide an derselben Sonne leiden, Mirèio und er. Es war halt der Traum eines Wilden, und nicht eines seiner Bilder hängt heute im Midi.

Der arme fou roux

Hausenstein hat seine Bleibe nah am Bahnhof noch gesehen und besucht, das »gelbe Haus« an der Place Lamartine. »Ein kümmerliches Häuschen; eine Hütte aus Stein«, findet er vor: »Zwei Kämmerchen. Nein, zwei winzige Schachteln, die eine noch winziger als die andere. Weniger als proletarisch! In solchen Schachteln entstehen die reinen Dinge der Menschheit! Die beiden Schachteln sind weiß getüncht. Das Herz klopft mir herauf in die Gurgel.« Damals, 1926, ist das Haus eine Kneipe, »Bar Tabac« steht gemalt in blassem Blau auf der Fassade. Die Kartenspieler in der Ecke schneiden Fratzen: »Aus Schadenfreude gegen unseren Müßiggang, nicht wahr – und überhaupt mit gelindem Hohn auf die Narren, die das Haus des verjährten *pauvre fou* sehen wollen?«

Vier Jahrzehnte vorher haben sie ihm in den Straßen nachgerufen: »Fou roux, fou roux!« – verrückter Rotschopf, verrückter Fuchs! Sie haben ihn hier nicht gemocht, wenn er bei Nacht seine Angst ins Café trug und seine Sehnsucht ins Bordell. Die Kinder klettern außen hoch vor seinem Fenster, um ihn mit Rufen aufzuschrecken vom Absinth. Und als er sich dann vor den Weihnachtstagen ein Ohrläppchen abschneidet und es »einer gewissen Rachel«, wie die Zeitung schreibt, ins Freudenhaus trägt – *maison de tolérance* nach der nicht ganz so verlogenen Schönfärberei des französischen Begriffs, da reicht es den Nachbarn: 29 unter ihnen schreiben einen Brandbrief an den Bürgermeister und führen untertänigst Klage gegen den besagten »Vood (Vincent), Landschaftsmaler holländischer

Abstammung, wohnhaft am genannten Platze«; es ist von öffentlicher Sicherheit die Rede und einer großen Unruhe – vor allem für die Frauen und die Kinder. Man wünscht ihn nach Holland zurück oder in ein Haus der Gesundheit, *maison de santé*, ins Irrenhaus. Und da kommt er auch hin, erst nach Arles, ins Hôtel Dieu, dann nach St-Rémy, in ein Hospital, wie es sich nennt auf einem Werbeblatt, »für die Behandlung von Geisteskranken beiderlei Geschlechts«. Auch dort gibt es nun keine Spuren mehr von ihm, nur einen leeren Denkmalssockel und den Namen der »Clinique van Gogh« des Dr. Beron. Seine Kammer, die man ihm zur Arbeit überlassen hatte, mußte erst vor ein paar Jahren einem Anbau der Heilanstalt weichen. Die Büste selbst, ein Werk von Ossip Zadkine, ist geraubt: »Dérobé ici par des vandales«, so stand zuletzt auf einem Zettel in der leeren Nische links an der Allee. Im Januar 1989, hundert Jahre nach seiner Ankunft im Asyl, war er wieder verschwunden, buchstäblich über Nacht. Uns blieb ein Schnappschuß aus der Zeit davor, leere, tote Augen, tiefe Löcher in der patinierten Bronze, in der Linken ein Brief (»Cher Vincent«), vermutlich von Theo, der auch in diesen Tagen zu ihm hielt und nun gemeinsam mit ihm in Auvers begraben liegt. Andere Vandalen hatten damals schon die ersten Lettern abgeschraubt, so daß der Satz: »A Vincent van Gogh qui vécut et peignit en ces lieux« schon lange schmerzlich unvollständig war. Hier fehlte, nebenbei, das rechte Ohr.

Das Denkmal im Park am Boulevard des Lices zu Arles zeigt ihn mit der Wunde links: Einer hat sich hier vom Selbstporträt verleiten lassen und nicht bedacht, daß van Gogh doch wohl sein Spiegelbild gemalt hat. Es kostet einiges an Fragen, bis wir Gewißheit haben: Er hat sich links verstümmelt.

Eins der Bilder, die er im Sanatorium gemalt hat, »Irisblüten«, ist 1987 in New York versteigert worden. Mit einem Zuschlag bei 91,6 Millionen Mark ist es zum damals teuersten Kunstwerk der Welt geworden, gefolgt von seinen »Sonnenblumen«, im selben Jahr für 66,9 Millionen versteigert. Zur Hundertjahrfeier des Sterbedatums, 1990, durfte er sich selber überbieten mit seinem Bildnis des Dr. Gachet, seither dem teuersten Gemälde auf dem Markt, zu dem zuletzt ein zweites trat, sein letztes Selbstporträt, bei Christie's in New York für 71 Millionen Dollar im November 1998 zugeschlagen. Damals wollte mancher nicht einmal ein Bild geschenkt: 1889 malte Vincent seinen Arzt, den jungen Doktor Rey, zum Dank für seine Pflege. Der nahm das Bild verlegen an, um den Genesenden nicht neu zu kränken, fand keinen, der es haben wollte, und flickte schließlich seinen Hühnerstall damit. »Ich kann nichts daran ändern, daß meine Bilder sich nicht verkaufen«, schrieb Vincent noch in Arles. »Doch der Tag wird kommen, wo man sehen wird, daß sie mehr wert sind als die Kosten für die Farben und für mein doch recht kümmerliches Leben …«

Heute feiert Arles den roten Wilden, den doch keiner hatte haben wollen, und mit ihm sich selber. Zur Erinnerung an seine Ankunft hängt im Bahnhof eine Tafel, ansonsten ist das Viertel sehr verändert: Das Haus an der Place Lamartine fiel im Juni 1944 den Bomben zum Opfer und wurde nicht mehr aufgebaut; das »Nachtcafé« mit dem gräßlichen Licht war von den Bomben noch verschont geblieben, heute ist dort alles »Monoprix«; das leuchtende Café aus der schönen Abendansicht von der Place du Forum war schon lange ein Einrichtungsladen, ehe einer auf den Einfall kam, ein Stück van Gogh in Arles zu bauen, blau und gelb, ganz wie gemalt. Und das alte Hôtel Dieu, das Krankenhaus, in dem sie ihn nach seinem Anfall weggeschlossen haben, ist auch inzwischen wieder aufgebaut, als habe man dem Architekten eine bunte Kunstpostkarte in die Hand gedrückt.

Manches freilich scheint auch so geblieben: Les Alyscamps, die Gräberreihe mit der Kirche von St-Honorat, der Blick auf die Rhône und Arles von der Place Lamartine – und dann die vielgerühmte Brücke … »Ich habe«, schreibt van Gogh im Frühjahr 1888, »eine reizvolle Sache gefunden, wie ich sie nicht alle Tage machen werde. Es ist die Zugbrücke mit dem kleinen gelben Wagen und der Gruppe von Wäscherinnen, mit den Erdflächen in hellem Orange, dem frischen Grün und dem blauen Himmel und Wasser …« Immer wieder hat er sie gemalt: Sie mochte ihn an zu Hause erinnern.

»Le Pont van Gogh« liegt etwas außerhalb der Stadt und so versteckt, daß mancher eine Taxe nimmt, um sie zu finden: schwarzes, nasses Holz, das langsam fault, mit rostigen Ketten. Das Wasser schillert bunt von altem Öl, im Schilf hängen Abfälle fest, und dennoch gibt es ein verblaßtes Schild: »Baignage interdit«. Ein Bauernhaus dahinter, Hühner laufen frei herum, und dann und wann ein Auto mit Besuchern: schnell ein Bild und weiter. Und dabei könnte man mit etwas Überlegen den Reiseführer Lügen strafen: Das Wasser bei van Gogh war breiter, es gab zwei feste Brückenrampen, dann erst die bewegliche Brücke. Diese hier ist hochgeklappt, die Arme ragen steil zum Himmel – auf jedem Bild, in jedem Magazin – und könnten auch gar nicht herunter, denn sie wären viel zu lang. Hier hat van Gogh die Brücke nie gemalt, der Ort ist falsch und auch die Brücke. Sie wurde 1961 hier errichtet, dieselbe Konstruktion, nur daß sie hier niemanden störte, ein bloßes Souvenir, als es sich lohnte, Souvenirs zu haben. Die echte Brücke über den Kanal von Arles nach Bouc, zwei Kilometer näher an der Stadt, hatte man schon 1932 abgerissen und durch einen zeitgemäßen Bau ersetzt für den Autoverkehr nach Port Louis. »Bar du Pont neuf« heißt immer noch die kleine Kneipe nahebei in der Avenue Sadi Carnot.

In St-Rémy wächst in van Gogh die Ahnung, daß seine Krankheit nicht mehr schwinden wird, daß sie in Schüben immer wiederkehrt: Er fühle »weder Kraft noch Mut, in Freiheit zu leben«, so schon die erste Diagnose bei seiner Aufnahme im Hospital, er ist aus freien Stücken hier. Fünf Tage vorher, in seinem letzten Brief aus Arles, hatte er schon einmal aufgegeben: »Als Maler werde ich nie irgendwie von Bedeutung sein, das spüre ich ganz entschieden«, schreibt er an Theo. »Manchmal tut es mir leid, daß ich nicht einfach bei der holländischen Palette mit den grauen Tönen geblieben bin ...« Gewiß, das ist nicht reine Einsicht, hier äußert sich auch im Symptom die Krankheit. Er bleibt noch, immerhin, ein gutes Jahr in St-Rémy. Doch was soll ihm am Ende ein Süden mit Gittern, fernab von seinesgleichen, wo die Schwester Oberin zudem noch seinen Farbauftrag mit »Schwalbendreck« vergleicht – wegen des pastosen Strichs. Er traut sich nicht hinab ins Dorf; einmal kann er über Monate nicht malen. Er erlebt noch im Januar mit, wie er zum ersten Mal gelobt wird. Ein Kunstkritiker hat seine Bilder gesehen bei Theo in Paris, beeindruckt haben ihn da namentlich die schwarzen Flammen der Zypressen. Vincent schreibt zurück: »Die Zypresse ist für die Landschaft der Provence ungemein charakteristisch.« Doch die Anerkennung kommt zu spät; inzwischen schreckt ihn auch Erfolg; die Freiheit des Lebens in Arles ist ihm nun nicht mehr möglich. Er reist noch einmal nach Paris, drei Tage später nach Auvers, in die Obhut des Doktor Gachet, der selber malt und viele Maler kennt. Hier hat er noch 67 Tage zu leben.

Zweierlei bleibt nachzutragen: In der Provence erst ist van Gogh ganz zu sich selbst gekommen, keine Frage. Das ist das eine. Das andere: Auch die Provence ist erst mit ihm zu dem geworden, was wir heute sehen im Midi. Das hat mit Albert Aurier, dem Kritiker, zaghaft begonnen. Es wurde von den provençalischen Poeten nicht bemerkt. Das waren Bürger mit dem Tick ins Genialische, ein wenig Bohème, doch immer kultiviert – so wie Mistral auf seinem Denkmalssockel: mit Gehrock, Krawatte und dem Mantel im Arm. – »Vincent van Gogh«, schreibt Aurier schon 1890, »ist zu einfach und zu subtil zugleich für den bürgerlichen Geist unserer Zeitgenossen.« Deshalb nennt er ihn – und seinen Aufsatz – »Un isolé«. Und Horst Keller schließlich, der Interpret van Goghs und Biograph der letzten Lebensjahre (»Vincent van Gogh. Die Jahre der Vollendung«, Köln 1977), kommt zu dem bitteren Fazit: »Alles hat er sich selbst zu verdanken, nicht der Provence, die ihn nicht wollte.«

Steinerne Segel

Andere sind besser aufgenommen worden. Das Land um Fontvieille hat sich im Namen seinem größten Bürger übergeben, der niemals hier gewohnt hat: Es heißt nun »Land von Daudet«. Van Gogh hat »Tartarin von Tarascon« gelesen bei seinem Aufenthalt im Süden, und er hat die Mühle gezeichnet, dazu die prächtige Allee von Pinien, die hinaufführt aus dem Ort, beides eilig hingeworfen mit der Feder. Damals hat die Mühle noch gearbeitet, sie war bis 1915 in Betrieb, kein Platz für einen Dichter, doch ein Schauplatz mit Symbolkraft, außerhalb gelegen, anspruchslos und abseits vom Betrieb, damit man desto besser sieht.

Es hatte einmal eingesetzt mit einer literarischen Fiktion: Der Kaufvertrag, betreffend »eine Wind- und Kornmühle, gelegen mitten im Herzen der Provence, auf einer mit Pinien und immergrünen Eichen bestandenen Anhöhe des Rhônetals«, ersetzt das Vorwort zu den versammelten »Lettres de mon Moulin«, und ausdrücklich verweist Monsieur Grapazi, der Notar mit Amtssitz zu Pamperigouste, auf den elenden Zustand der Stätte, vom Mahlwerk ganz zu schweigen. »Dessen ungeachtet erklärt Herr Daudet, besagte Mühle in ihrem derzeitigen Zustand mitsamt ihrem großen schadhaften Rad und dem Vorplatz, auf dem Gras zwischen den Ziegeln sprießt, entspreche seinen Wünschen und werde seinen dichterischen Absichten frommen.« 1861, seiner angegriffenen Gesundheit wegen, war Daudet nach Fontvieille gekommen, geschrieben aber hat er seine liebenswürdigen Geschichten in Paris. Doch das genügte; heute ist die Mühle ein

Museum, der kleine Wohnpark unterhalb heißt Résidence Alphonse Daudet, und einmal jedes Jahr ehrt auch der Club Taurin Fontvieillois den Ehrenbürger mit einem Stierkampffest auf provençalisch.

Immerhin: Er stammte aus dem Süden; er war in Nîmes geboren, 1840, dort war der Vater Seidenfabrikant. Bei einer Pleite 1848 kamen ihm Geschäft und Wohlstand rasch abhanden, man schlug sich durch, zunächst gemeinsam in Lyon, dann jeder auf eigene Faust. So kam Alphonse mit 16 nach Paris und schwärmte später von seiner ersten Bodenkammer in der Rue de Tournon Nr. 7. Er schrieb Gedichte, und er wurde entdeckt: Die Kaiserin persönlich protegierte ihn, so wurde er mit zwanzig Jahren herzoglicher Sekretär, schrieb für den *Figaro* Possierliches, das Anklang fand. Mit 25 war er das, was man so »frei« nennt im Gewerbe.

1869 legt er seine Skizzen und Geschichten aus dem Süden gesammelt in Buchform vor: als »Lettres de mon Moulin«, eine doppelte Fiktion, denn es sind auch keine Briefe. Vollends berühmt wird er drei Jahre später mit den »Wundersamen Abenteuern des Tartarin de Tarascon«, den tolldreisten Geschichten eines Marius ohne Maß und ohne Abstand zum eigenen Maul: selbstgefällig und besoffen von sich selber.

Der Erfolg ist unterschiedlich – und im Unterschied bezeichnend: In der Gestalt des Löwenjägers Tartarin verlacht das literarische Paris den Süden, die Provinz – und hat doch völlig überlesen, daß dem Ganzen immerhin der Spruch vorangestellt ist, in Frankreich stecke Tartarin ein wenig wohl in jedem.

Aus Afrika kehrt Tartarin zurück mit einem Dromedar, und bis zur Ankunft an der Rhône ist nicht sicher, wer hier wessen Beute ist. Dann aber,

»unter dem Einfluß der Sonne Tarascons, jener schönen Sonne, unter der so unbefangen die Lügen aufsprießen, fügte er, den Höcker des Dromedars streichelnd, hinzu: ›Es ist ein edles Tier! ... Es hat mich alle meine Löwen töten sehen.‹«

Im Süden liebt man Daudet vor allem wegen seiner »Briefe«. Das sind nicht alles Fingerübungen in guter Laune, wie man häufig hören kann; tragisch endet etwa die *affaire de cœur* in »Das Mädchen aus Arles«, Abschiedsstimmung ist der Grundton der Erzählung von Maître Cornille, einem Vorbesitzer der Mühle, der Tag für Tag den Esel durch die Straßen treibt mit Säcken voller Schutt und Gips, damit man nicht dahinterkomme, daß der Dampfmüller ihm längst die Arbeit abgenommen hat. Sie sind, wie Daudet selber befindet, eine eigentümliche Melange aus Phantasie und Wirklichkeit, bodenständig, offenherzig, witzig, voller Selbstbehauptungswillen – und im Zweifel freundlich zu den Ihren: von der unheilstiftenden koketten Schönen heißt es nicht von ungefähr, sie sei nicht eigentlich aus Arles, zumindest ihre »Eltern stammten nicht von hier«. Und wem die Freiheit des Midi noch 1869 allzusehr am Herzen liegt, für den hat das beredte Schicksal von Séguins Ziege, die mehr will als in ihren Grenzen leben, sicher eine eigene Moral: Die stellt sich bravourös dem Wolf zum Kampf – für eine Nacht, dann frißt er sie. »Du wirst sehen«, beteuert Daudet schon vorab, »was man dabei gewinnt, wenn man frei leben will.«

Mistral hat sich wohl mehr um die Provence bemüht als der Kollege in Paris; den größeren Erfolg indes, nimmt man alles zusammen, hatte sicher Daudet, auch deshalb wohl, weil man bei ihm die gute Absicht nicht so spürt. Und wenn die scheinbar leichthin aufs Papier geworfenen Begebenheiten rund um seine Mühle allesamt auch frei erfunden sind: vorstellen zumindest lassen sie sich dort. Auch sie sind Idyllen, kein Zweifel, doch eher von menschlichem Maß, und nehmen das Leben so hin, wie es ist. Und die »hübschen, kleinen Hügel« rings um Tarascon duften immer noch »nach Myrten, Lavendel und Rosmarin«, wie es heißt, und die trockenen Kötel im Thymiankraut bei der Mühle nimmt man gerne als ein Zeugnis für den »Einzug in die Mühle«, Kapitel eins, erster Satz: »Die Kaninchen trauten ihren Augen nicht!«

Der Landstrich zwischen Avignon und Arles, der Kette der Alpilles und Tarascon, gilt heute noch, so wie im Kaufvertrag Daudets, als Herzstück der Provence. Von hier aus läßt sie sich erkunden, und hierher kehren wir zuletzt zurück. Als Herkules die Rinder des Riesen Geryon entführt hatte und sie auf dem Landweg zurücktrieb nach Italien, stellten sich ihm die Riesen Albion und Lygis in den Weg, um ihm die Beute abzujagen, Söhne des Poseidon und der Gäa, beide je mit tausend Armen ausgestattet. Waffenlos droht Herkules den Gegnern zu erliegen, da sendet Zeus, sein Vater, einen Regen runder Steine und steht ihm damit bei: Das ist die Crau im Süden von Salon, die einzige Steppe aus Stein in Europa. Kieselsteine, cravus auf lateinisch, bis zum Horizont mit nichts dazwischen als trockenem Gras. Vor vier Millionen Jahren floß ein einziger Fluß – statt der Rhône und der Durance – in breitem Delta in das Mittelmeer. Er schob am Boden Steine mit aus dem Gebirge, bis er sich selbst das Bett verschüttet hatte und anders fließen mußte. Zurück blieb die Crau, im Süden, zum Meer hin, eine Schicht aus 15 Metern Kieselsteinen. Zurück blieb aus der Zeit der frühesten

Besiedlung auch der griechische Rechtfertigungsmythos: In den Söhnen des Poseidon und der Gäa, des Meeres und der Erde mithin, steht Herkules die Rhône gegenüber, in tausend Armen mäandrierend, dazu das Land, das unterworfen werden mußte, ehe es die Griechen kultivieren konnten.

Auch die Crau ist lange schon fruchtbar gemacht, die Kleine Crau, das Land Mistrals bei St-Rémy ist heute der Gemüsegarten der Region, und selbst die Große Crau wird durch Bewässerung in Kulturland umgewandelt. 1926 hat der Mensch der steinernen Steppe gar eine ganze Stadt abgerungen: St-Martin-de-Crau, noch immer ein Zentrum der Schafzucht. Die Herden werden längst nicht mehr zur *transhumance* hinauf in die Alpen getrieben, wie Giono es noch geschildert hat. Dafür gibt es heute Lastkraftwagen. Aber immer noch, erzählt man, tanzen im Mistral die Steine.

Dazwischen ragen die Alpilles auf mit »steinernen Segeln«, wie es der Schriftsteller Maurice Pezet genannt hat, weiße Felsen mit blauen Schattenpartien, grün nur an den Flanken, von Pinien und Kermeseichen. »Es sah aus, als habe man zwischen Sockel und Gipfel eines Gebirges einfach zwei-, dreitausend Meter herausgeschnitten und die Kuppen direkt auf die Ebene gesetzt«, hat Helmut Domke empfunden (»Provence«, München 1984); und das trifft es. »Man kommt von Saint-Rémy«, schreibt Rilke 1909, »wo die Provence-Erde lauter Felder von Blumen trägt, und auf einmal schlägt alles in Stein um.«

Unten, scheinbar tief in der Ebene, erstrecken sich Olivenhaine und Obstkulturen, oben, auf dem Gipfel vom La Caume, finden sich einzig noch Kraut und Geröll – 387 Meter hoch, nicht mehr. Am schönsten ist vielleicht der Blick am Morgen von

Eygalières, das heute noch das Wort Wasser, aqua, in seinem Namen führt, mit dem die Römer Arles versorgten. Das Städtchen lag wohl einst verlassen dort oben auf dem Rand hoch über der Ebene, jetzt ist es wieder hergerichtet, nur oben, um die weiße Madonna auf den Resten der Kirche, findet man zerfallene Gewölbe zwischen Lilien, splitternden Kalkstein. Die alte Bußkapelle ist jetzt ein kleines Museum, geduckt bei der Kuppe, das flache Dach darf nicht betreten werden, und vorsorglich wird ein Gesetz von 1952 herbemüht auf einem Schild. Von hier aus sieht man weit übers Land, fern den Ventoux, daneben jäh den Buckel des Lubéron, und im Licht der Morgensonne leuchtend die Alpilles.

Schön ist dann die Fahrt hinab nach Aureille und Mouries, nur Pinien und Rosmarin am Boden, ein starker, angenehmer Duft in der trockenen Hitze. Dazwischen, dann und wann, verkohlte Stämme, halbe Wälder ganz in Schwarz, ohne Blätter oder Nadeln, nur am Boden frisches Grün. Nach wie vor ist der Waldbrand die ärgste Gefahr für das Land. Was ringsum steht, brennt weg in einem Atemzug des Windes, Rosmarin und Buchsbaum, Ginster und Wachholder, das lederne Gestrüpp der immergrünen Eichen und die Pinien. Dann wieder Weinbau und Oliven, wechselndes Grün über rötlichem Grund, darüber, hochgetürmt, die grauen Sockel der Alpilles und vor dem Rot der Abendsonne hart die Silhouette von Les Baux. Hier scheint alles, wie Rilke es sagte, in Stein umgeschlagen, die Hoffahrt seiner frühen Herrscher auf dem windigen Plateau, die Demut der Bewohner in den kargen Felsenkammern, selbst der Name ist zu Stein geworden: Bauxit, das Mineral zur Aluminiumgewinnung, kommt von – und aus – Les Baux. Es wurde 1821 hier entdeckt und früher hier bevorzugt abgebaut. Jetzt fristet es sein Dasein im Museum.

Ganze fünfzig Einwohner hat das Dorf hoch oben auf dem verkarsteten Felssporn, 450 sind es, nimmt man die im Tal dazu. Aber Tag für Tag, bei gutem Wetter, kommen zweitausend Besucher, und an den Feiertagen, Ostern beispielsweise, werden es leicht fünftausend. Ein Teil der Wirkung von Les Baux ist schon im Namen zu erkennen – *baou, balcio* heißt ungefähr soviel wie Felsen oder Steilhang. Es ist ein schroffer Rücken am Südrand der Alpilles, der nach drei seiner vier Seiten jäh ins Tal fällt, neunhundert Meter lang, zweihundert breit, kahl und nackt und von beinerner Farbe: eine natürliche Festung.

Die Dynasten des 11. Jahrhunderts führten ihren Namen *Balcio* auf Balthasar zurück, einen der drei Weisen aus dem Morgenland, und viele Häuser sind bis heute mit dem sechzehnzackigen Stern von Bethlehem geschmückt. Es mag hier auch ein westgotischer Führer namens Balthus seinen Namen hinterlassen haben, lieber glaubt man aber doch an den König aus dem Osten. Überhaupt lebt die Geschichte von Les Baux vor allem aus ihren Geschichten. Es heißt, hier war ein Minnehof, ein *cours d'amour* der Zeit der *trobadors,* und einer unter ihnen, Guillem de Cabestaing, soll seine Pose glutvoller Verehrung einer Dame gegenüber derart überzeugend eingenommen haben, daß ihn der Ehemann der Angebeteten in einem Rausch von Eifersucht erschlug, um ihm darauf das Herz, das eben noch im Lied beschworen war als Eideshelfer seiner Minne, aus dem Leib zu reißen und es, als Mahlzeit zubereitet, seiner Gattin vorzusetzen. Heldenhaft und von luzider Schärfe war die Antwort auf die Nachricht beim Nachtisch, was sie da gegessen habe: Da sie ein derart delikates Mahl in Zukunft nie mehr kosten werde, so die schöne Sérémonde, wolle sie durch keinen Bissen mehr den köstlichen Geschmack verdecken – und starb dem Ehemann verhungernd dahin.

Es war Mistral zufolge eine »Rasse von Adlern«, die hier herrschte, »niemals unterworfen, die mit der Spitze ihrer Fittiche die Kämme aller Höhen bestrich«. Ein anderer war Raimond von Turenne, ein blutiger Despot im späten 14. Jahrhundert, bekannt dafür, daß er Gefangene so drangsalierte, daß sie sich lieber selber von den Schroffen stürzten.

Das macht die Reisenden hier oben schaudern, und nachempfinden läßt es sich noch obendrein: Bei großem Wind, so steht es auf den Eintrittskarten, bewegt man sich auf dem Plateau auf eigene Gefahr. Dafür ist dann die Sicht besonders gut. Bis Arles und fern zum Meer am Horizont erstreckt sich dann der freie Blick, hier vorne liegt der Montmajour, und vor dem fernen Glänzen schattenhaft Aigues-Mortes; dort unten kämpfte Herkules vor Zeiten. Die Ölbäume, die später seine Griechen brachten, reichen bis an den Sockel der Felsen. Nach dem Frost von 1956 haben sich die Bauern der Alpilles nicht lange besonnen und neue Kulturen gesetzt. Heute liefert das Städtchen Maussane, gut zwei Kilometer weg von hier, eines der berühmtesten Öle des Südens. Nach dem Ende von König René, als die Provence an Frankreich fiel, wollte sich Les Baux dem Anschluß widersetzen: König Ludwig ließ es niederreißen. Zuletzt saßen dort Protestanten, ein Pfahl im Fleisch des Zentralismus der Feudalzeit: 1632 ließ Kardinal Richelieu die wiederaufgebaute Festung neuerlich schleifen, die Rechnung zahlten die Bewohner. Die Revolution hob 1793 die alte Gliederung der Dorfgemeinschaften auf, Les Baux war nicht mehr länger lebensfähig. Seither verfallen die mächtigen Mauern und werden langsam wieder eins mit dem Felsen, aus dem sie einst gewachsen sind. »Die eine neue Zeit bauen, dürfen keine antiquarischen Grillen haben«, schrieb dazu mit Sarkasmus Moritz Hartmann.

Als Geisterstadt aus alter Zeit hat dann Les Baux zuletzt im 19. Jahrhundert seinen Platz erhalten, im Zug der provençalischen Erneuerung. Und heute ist es eine der meistbesuchten Stätten: Totgesagte leben länger.

Eines der anrührendsten Feste des Landes, die *fête du pastrage,* findet in der Weihnachtsnacht hier oben statt, mit der traditionellen *offrande des bergers,* bei der die Hirten dem Neugeborenen ein Lämmchen bringen. Ein weißer Widder zieht einen Wagen, begleitet von Trommeln und Flöten, dazu die Schäfer in den alten Trachten, Leute vom Land und junge Mädchen in Haube und Rock, Brusttuch und Schürze – ein Bild wie von den Krippen mit den kleinen bunten Tonfiguren, den *santons.* Auch dies ist ein Fest, das fortlebt wegen der Touristen, doch in dunkler Nacht, bei Kerzenlicht und Kälte, lassen sich Andacht und Neugier kaum scharf unterscheiden. Erst wenn es wieder hell ist, kann man an der Tür von St-Vincent den Hinweis lesen, man möge Eis und Zigaretten draußen lassen und Hunde an der Leine führen …

Die kleineren Feste des Landes lassen sich am Weg besuchen, die provençalische Ostermesse im Freien bei der schmucklosen Kapelle von St-Sixte; in Mouries im Frühherbst das Olivenfest, die *fêtes votives* im Sommer überall.

Und jeden Freitag gibt es Aioli

Das Aioli ist ohne Frage das Nationalgericht der Provençalen, schreibt Stépahnie Deméry in ihrem Kochbuch »La cuisine provençale traditionelle«. Es verkörpert ganz allein die Provence, verbindet die einen und sondert die anderen aus. – »Man müßte den hiesigen Dialekt verstehen und Bouillabaisse und Aioli essen können«: So wird van Gogh gelegentlich zitiert, als habe er sich in der Tat die südliche Zunge gewünscht all jener Köstlichkeiten wegen, die ihm sonst entgingen. Das Gegenteil ist richtig: Er hadert mit der Küche, weil sie ihm das Leben unnötig verteuert, denn könnte man Geschmack gewinnen an Trockenfisch mit Knoblauchmayonnaise, »dann fände man gewiß ein bürgerliches Logis, das nicht zu teuer ist«. Als Frédéric Mistral und seine Freunde eine Zeitschrift gründen, nennen sie sie »Aioli«: Selbstbewußtsein aus dem Mörser – obendrein versehen mit dem löblichen Effekt, daß Aioli geeignet sei, die »Fliegen zu verjagen«.

Wir haben schon verschiedentlich das Arme-Leute-Essen der Provence probiert, *morue salée*, den bretterhaften Stockfisch mit Ei, mit Schnecken und Gemüse, gelegentlich aufgebessert durch Drachenkopf, *rascasse*, und Goldbrasse, *dorade*, mit grünem Spargel der Camargue. Wir haben schon bei Jean-Louis im weitberühmten »Bistrot du Paradou« zugeschaut, wie man die Sauce liebevoll zusammenrührt, bis sie zäh und schwer und golden schimmert, auch ein wenig grün vom Öl. Und scharf, daß selbst der Brie danach den Biß nur wenig mildert. Das kennen wir. Ein Mittagessen aber schier als Volksfest, ein *aioli géant*, das haben wir vor Jahren erstmals in Aureille erlebt: Das Mittagsmahl als Bacchanal.

Der alte Waschplatz liegt hier wenig unterhalb, am Rand des Dorfes im Schatten der Platanen, zwei überdachte Doppelreihen mit schräggelegten Steinen ums Bassin, auf denen noch immer gescheuert wird wie früher. Doch nicht an diesem Tag: Jetzt saßen hier die Frauen beieinander, schälten Knoblauch, putzten das Gemüse, trennten Eier dutzendweise und sahen nach dem Wein im kühlen Wasser der Behälter. Die Männer schlugen Tische auf in langen Reihen, ein offener Peugeot fuhr hin und her mit Stühlen und Gerät, einer legte lange Bahnen von Papier als weiße Decken auf die Tische. Dann herzliches Hallo: Da kam die Theke aus der Bar, man trug sie schwankend vor das Waschhaus, bis sie auf festem Boden stand. Es gab Pastis und aus den Boxen Paso doble. Und dann begann das Essen.

Die Dörfler und die vielen Gäste der Umgebung hatten längst im Schatten der Platanen Platz genommen, zuletzt erschien, von allen beklatscht, der Bürgermeister. Dann tischte man den langen Reihen auf. Dampfende Kartoffeln, ungeschält, Blumenkohl in ganzen Köpfen, fingerdicke Scheiben roter Bete, harte Eier, Schüsseln voller Schnecken mit Thymianbesen im Sud, zuletzt der Fisch und jene Sauce, die dem ganzen Essen seinen Namen gibt – und seine Schärfe. Leere Obstkisten ersetzen das Tablett, in Papiersäcken lag die *baguette* bereit, bis jeder reich versorgt war, auch mit rotem Wein. Für eine kurze Weile kehrte Ruhe ein, nur von der Theke, wo die harten Jungs beisammenstanden, war lautes Lachen zu vernehmen. Sie begnügten sich mit Schnecken und Pastis und weiter nichts, und während noch die letzten an den Tischen ihre

Pfirsiche verzehrten, wurde nah am Brunnen schon getanzt: Aufs neue Paso doble, schwungvoll, bis es keinen länger an der Tafel hielt.

Einer übertraf den anderen im ritterlichen Gestenspiel, das zu dem Tanz gehörte, und wer nicht selber tanzte, zollte doch den Tänzern lachend Tribut. Dann Samba, bald darauf Lambada. Es war wie ein dionysischer Rausch, der in der Mittagshitze um sich griff, die Mädchen wurden zu Mänaden, und an den Männern wurde, wie auf alten Vasenbildern, das Satyrhafte sichtbar. »Tragoi« nannte man am Festtag des Dionysos die Burschen dieses wilden Treibens, wie es hier am Waschplatz von Aureille mit Hüftschwung körpernah begann. Doch aus dem Geist des Lambada wächst keine Tragödie. Es wird ein Satyrspiel, ein Rüpelspiel, zu jedermanns Begeisterung ein Sauspiel, was nun folgt: Schon werden aus dem Hinterhalt die Tanzenden mit Wasser aus dem Brunnen naßgespritzt, bald schütten sie einander ganze Eimer ins Gesicht, dann werden alle, die da tanzen, eingefangen und hinabgetaucht in das bemooste Becken. Prustend kommen sie nach oben, reiben sich die Augen, suchen ihre Missetäter oder bloß das nächste Opfer, und das Schreien, Lachen, Sichwehren steigert nur die Lust. Alle sind sie an der Reihe, erst die Mädchen, dann die Männer, schließlich auch der Bürgermeister und zuletzt *les allemands*, die beiden Deutschen, wir.

Unversehens ist das heidnische Spektakel zum Taufakt geworden, dem sich jeder unterwirft, damit er weitertanzen kann. *Monsieur le maire,* dem alten Bürgermeister, hilft man sorgsam in das Wasser, und auch wir sind mitgefangen, mitgehangen, mitgetränkt. Es ist, als sei aus diesem Grund dem Trog aus Stein die Form des Sarges angemessen: Als

Fremder tauchst du unter, zum Zugehörigen, Dazugehörenden verwandelt stehst du wieder auf.

Gibt es nach dem Schluß noch eine Steigerung? Es gibt zumindest einen letzten Akt: Wie bei jedem Kultus der Antike schreibt auch hier das Ritual ein Opfer vor. Es wird die Parodie der Opferung, so wie die Prozedur der Taufe am Lavoir bloß die Travestie von Taufe war: Als die größte Hitze schon vorüber ist, wird aufgeräumt, als hätte keiner jemals Anisschnaps angerührt. Schnell, geübt, die Essensreste weg, die gelben Eisenstühle und die langen Tische. Und alles zieht gemeinsam zur Arena, wo André Soler, der Wirt, einst ein berühmter *razeteur*, ein Stierkämpfer von Rang, ein paar seiner arglosen Kälber und Kühe bereitgehalten hat zum letzten Akt des Rüpelspiels: *toro piscine*, der Kunst, mit nichts als Körpertäuschung oder Trick ein fassungsloses Rindvieh in ein buntes Planschbecken zu dirigieren. Natürlich wehrt sich das verblüffte Tier, es gibt auch manchen harten Stoß für die Beteiligten und manche rote Schramme, aber keine Spur von Dauer, denn die Hörner sind bei dieser Gaudi bandagiert. Und auch der Ort des Bacchanals sah wieder bald so aus wie stets: ein malerischer Waschplatz irgendwo in der Provence.

Fingergroße Heilige

Ein provençalisches Panoptikum im Kleinen, überall im Land zu Hause, vor allem in Andenkenläden: das sind die *santons,* die kleinen Heiligen, wie sie eigentlich heißen nach dem provençalischen *santoùn.* Sie haben nach der Revolution die prächtigen Krippenfiguren in den Kirchen ersetzt – und sind geblieben, auch als die Kirchen wieder Zulauf hatten. Die größeren gibt es nun gleichfalls in den Läden, sie heißen *santons habillés,* angezogene *santons,* weil sie richtige Kleider tragen, Puppenkleider aus den Stoffen der Baumwolldruckereien in Nîmes und Tarascon. Mit ihnen ziert man sich daheim die Fensterbank zum Andenken. Die kleinen Tonfiguren aber, sieben Zentimeter hoch in der gängigsten Größe, sind Ausdruck eines regionalen Kunsthandwerks mit großer Tradition, entstanden im Rückzug vor dem Zugriff der Revolution. Häufig wurden sie aus Brot geknetet und aus Holz geschnitzt, man sieht sie auch zuweilen noch aus Kerzenwachs, doch klassisch sind sie aus dem roten Ton von Aubagne nahe Marseille, wo sie entstanden sind. Jean-Louis Lagnel war der erste *santonnier,* von dem sich Formen und Modelle überliefert haben. Er nahm sein Handwerk kurz nach 1789 auf, und schon seit 1803 gibt es in Marseille einen richtigen Markt für die einstmals subversive Kleinkunst, der sogar die Assemblée Nationale nichts anhaben konnte. Südlich der Linie Aubagne–Avignon sind sie heute zu Hause, in kleinen Werkstätten zumeist, nur Marcel Carbonnel hat eine Art von Manufakturbetrieb mit Dutzenden von Mitarbeitern. Es gibt *santonniers,* die bleiben orthodox beim Krippenpersonal des *ancien régime* zur Zeit der Guillotine, bei Josef und Maria und dem Kind auf Stroh, bei Ochs und Esel, dazu den *rois mages*, den Heiligen Drei Königen, und den vielen überhaupt nicht heiligen Besuchern vom Land: der Frau mit Aioli, dem Kräuterweib, den Hirten der Provence, dem Blinden, den ein Kind führt, dem Zigeuner – und vor allem dem *ravi*, dem selbstvergessenen Bewunderer der heiligen Szene. Verzückt reißt er die Arme hoch und kann die Freude nicht ermessen: ein Verrückter für die einen, ein großer Weiser für die anderen.

Priester sind keine darunter – ein Nachklang der Entstehungszeit, so zeigt es uns ein *santonnier* in seiner Werkstatt. Er hat ein kleines Messer in der Hand, mit dem er eben frische Kanten säubert, und fährt sich mit der Klinge um die Kehle: »Coupés«, sagt er: die wurden damals geköpft.

In einer Hütte außerhalb von St-Rémy treffen wir den santonnier Laurent Bourges bei der Arbeit, und wen er da in Arbeit hat, ist unschwer zu erkennen: Es ist Mirèio – immer wieder auf ein neues dieselbe liebliche Gestalt mit Häubchen und Blumen im Arm. Im Regal daneben, schon fertig und bemalt, findet man auch Maître Seguin und seine Ziege und selbst Mistral persönlich. Bourges hat einmal Kunst studiert an der École des Beaux Arts in Avignon, dazu das Steinmetzhandwerk und Bildhauerei; für ihn ist die *santon*-Herstellung Kunst, und die beschränkt sich nicht im Nachvollzug. Was den *santonnier* zum *santonnier* macht, sagt er, sind die *moules*, die Formen, die man selber schaffen muß. Ton in Gipsmodelle pressen könne jeder: »Es gibt sogar Leute, die kaufen sich die Teile und ziehen sie bloß an – und nennen sich trotzdem *santonnier*.« Seit mehr als vier Jahrzehnten ist er nun dabei, rund 450 *moules* hat er inzwischen geschaffen, unterschiedliche Sujets und Größen. Erst wird aus Ton die Urform modelliert, dann aus Gips die Form gegossen, mit der sich dann die Tonfiguren prägen lassen. Die Tonwurst wird sorgsam in die untere Schale des liegenden Modells gedrückt, dann der Deckel angepreßt, was übersteht, wird abgeschnitten. Dann werden die Kanten gesäubert, mit nassem Pinsel die Figur geglättet und auf ein Brett gestellt, zum Trocknen in die Sonne. Am Ende werden sie gebrannt, rund 18 Stunden bei 850 Grad – wie ein Ziegelstein. Dreitausend Figuren faßt der Ofen, den er selbst gebaut hat; unten stehen die großen Figuren, darüber die zerbrechlichen, obenauf kommt eine Gußeisenplatte, darüber eine dicke Schicht von weißer Asche. Sein Vater war kein *santonnier,* sagt Bourges, er war Bäcker: Von dem kennt er den Umgang mit dem Ofen. Gemeinsam ist den bunten Figurinen die Bewegung: Sie sind ja alle unterwegs zum Stall, eine »Comédie Humaine« im kleinen, wie Yves Michel geschrieben hat, der seine Werkstatt bei Lagnel betreibt, am Fuß der Vaucluse: der *tambourinaire,* die Frau mit dem Stockfisch, die Gänsemagd, der Bäcker, der Müller und der Messerschleifer, die Frau mit dem Krug und die Alte mit den *fougasses,* dem ornamentalen Gebäck der Provence. »Alle diese Leute sind uns nahe«, so Michel – und vor allem der *ravi*, der Philosoph, der Einfaltspinsel, der seit Jahrhunderten fast unablässig ruft: »Wie ist die Welt doch schön! Und welch ein Glück zu leben!«

Waldensernester im Lubéron

Noch einmal nach den Albigenserkriegen gab es eine Katastrophe, einen Nachklang sozusagen, bei dem erneut die Vielfalt und ein wenig von der Eigenart des Landes dem zentralistischen Prinzip des Nationalstaats Frankreich hingeopfert wurden. Als »Verfolgung der Waldenser« ist auch dieser Feldzug gegen die Provinz als militanter Glaubenseifer überwundener Epochen ins eher Unpolitische gezogen worden.

Da hatte es vor langer Zeit, 1177, dem reichen Kaufmann Petrus Valdus aus Lyon gefallen, dem Reichtum zu entsagen und fortan arm und sittenstreng zu leben. Die »Armen von Lyon«, und »Holzschuhträger« nannte man am Anfang seine Freunde. Später rief man sie nach seinem Namen: Waldenser. Die Greueltaten aus dem Albigenserkrieg vor Augen, zogen sie sich in den unwirtlichen Lubéron zurück, den Felsenrücken zwischen der Durance und dem Coulon. Dort wurden sie geduldet von den adligen Familien der Gegend, zumal sie deren Boden kultivierten. So hat es Moritz Hartmann recherchiert: »Geschichtsschreiber sagen, daß ein Stück Landes, das vor ihrer Ankunft nicht vier Taler Gewinst gebracht, kurze Zeit darauf für zwei-, drei- bis vierhundert vermietet wurden.«

Der Kirche waren sie ein Dorn im Auge: Sie achteten beim Kirchgang des geweihten Wassers nicht, sie beteten vor keinem Bild, und bei Gewitter stellten sie sich unter, statt das Kreuz zu schlagen. Mißliebig wurden sie besonders, als die Kirche sich »katholisch« nannte, weil sie es nicht länger war: nämlich »allgemein« und »eines jeden Angelegenheit«. Das alleine hätte aber nicht genügt, hinzu kam die Mißgunst von einzelnen Herren der Gegend, zuletzt war auch der König noch zu hören. Das war seit 1515 Franz I., dem war an Frankreichs Ruhm und seinem mehr gelegen als an fernen Bauern, die ihn niemals sehen würden. »Mein König, mein Herr, mein Caesar, mein Sohn.« So soll ihn seine Mutter angeredet haben. Er hegte hart bis an den Rand des Ketzereiverdachts Beziehungen zu protestantischen Fürsten in Deutschland, und selbst zum türkischen Sultan: Nun konnte er sich als ein rechter Katholik zeigen.

Die Pfaffen und das Parlament von Königs Gnaden zu Aix-en-Provence hatten 1540 schon beschlossen, das Dorf Mérindol exemplarisch mit einem Autodafé zu strafen. Der König zögerte und ließ den Glauben der Waldenser prüfen. Und wäre es nun wirklich nur um den gegangen, so wäre Frieden eingekehrt im Lubéron. Doch Gewinnsucht und selbst Rachsucht aus verschmähter Liebe, heißt es, waren mit im Spiel, auch die Syphilis des Königs wird erwähnt als Argument: Am Ende gab er nach, und mehr als zwanzig Dörfer brannten ab im Lubéron, darunter Mérindol, Ménerbes, Lourmarin, Cadenet. Totgeschlagen wurden damals, 1545, an die zweitausend Menschen, Frauen und Kinder vor allem; die Männer, die man lebend greifen konnte, verkaufte man auf die Galeeren. Die wenigen, die überlebten, flohen bis ins Piemont und nach Savoyen, wo es heute noch Waldenserkolonien gibt. Betrieben hatte die Vollstreckung des Pogroms Baron Maynier d'Oppède, aus Rache, weil sich eine Adelsdame ihm verweigert hatte, in deren Dörfern die Waldenser lebten. Er war zu jener Zeit der Präsident des Parlaments, das 1501 geschaffen worden war als Instrument der Krone, besetzt von

Ludwig XII. mit Nichtprovençalen. So machten sich die Bauern auf die Adelsrunde ihren Reim, und der, immerhin, wurde sprichwörtlich als Rache: »Parlamen, Mistrau de Durenço / Soun lis tres fleù de la Provènço«: Drei Geißeln hat der Süden, nämlich zweitens: den Mistral, drittens: die Durance, doch an erster Stelle dieses Parlament von Aix.

Die Durance ist nun behäbiger geworden, seit man 1961 die Talsperre von Serre-Ponçon im Oberlauf zur Wasserregulierung nutzen konnte; seine Hänge gegen Süden schützt der Lubéron vor dem Mistral, so gut es geht, und wenig nur erinnert an die Toten der Waldenser und das Parlament von Aix. Wer heute den Fluß entlangfährt, an Mérindol vorüber, Cadenet, und dann den Bergstock in dem engen Aufstiegstal bei Lourmarin durchquert, der sucht Erholung in den weiten Zedernwäldern auf dem kleinen Lubéron – und womöglich einen prominenten Toten. In Lourmarin wohnte Albert Camus, französischer Nobelpreisträger aus Algerien, und schrieb an einem Neubeginn; was er suchte, war die Anerkennung des maßvollen »mittelmeerischen Denkens«, ein Widerlager gegen die Absurditäten des Daseins. Statt wie gewöhnlich mit dem Zug nach Paris zu fahren, ließ er sich einmal vom Sohn des Verlegers im Auto chauffieren. Ein Reifen platzte, sie rasten gegen einen Baum. Das war am 4.1.1960. In Lourmarin liegt er begraben auf dem kleinen Friedhof, ganz südlich, mit Mauern ringsum, nur von Kreuzen und Zypressen überragt. Kein Schild, kein Hinweis außer einem, der die Sauberkeit des Friedhofs anbelangt. Links dann und nahe der Mauer, bald hinter dem ersten Pinienriegel, ein behauener Stein an einem Rosmarinbusch nur mit dem Namen und den Daten; benachbart ihm zur Linken, bescheiden noch im Tod, »Madame Albert Camus. 1914–1979«.

Nicht weit davon Schloß Lourmarin, eine jener Adelsburgen, die zur Renaissancezeit prachtvoll zum Château erweitert wurden so wie andere im Lubéron. Herrlich über der Garrigue-Landschaft mit Eichen, Kermeseichen, Stechwacholder liegt hoch auf einem Kegel, die Kirche über allem, Bonnieux, ein altes Städtchen mit vornehmen Häusern und schönen Fassaden.

Ménerbes war einmal uneinnehmbar, bis man 1545 auch hier die Waldenser gehenkt, gesteinigt und verbrannt hat. Wenn man den Ort entdeckt hat hinter einer Kehre, scheint er unerreichbar hoch, befestigt auf seinem Plateau, mit Wehrtürmen zum Rand hin. Die Wände haben alle die Farbe von Sand, blau sind die Fensterläden. Oben angekommen, wirkt das Leben nach rückwärts gerichtet, und der Name des alten Bistros auf dem Weg hinauf zur Kirche klingt wie Hohn: Café du Progrès.

Was »Fortschritt« heißen kann, das hat Ménerbes erfahren: Hier hatte Peter Mayle, der Werbemann aus England, sein Haus länger als »Ein Jahr in der Provence«, wie sein erstes Aussteiger-Tagebuch hieß. »Toujours Provence«, so hieß sein zweiter Bestseller, und schon diesem Motto ist er selbst nicht treu geblieben. Doch noch immer kommen sie auf seinen Spuren in den Lubéron und suchen ihren Landsmann, englische Touristen, denen die Provence vom Bildschirm ins Gemüt geschienen hat. Vergebens.

Und dann Oppède, Oppède-le-Vieux, wie es heute heißt, denn es war schon einmal gänzlich aufgegeben; heute ist es neu entdeckt als Künstlerdorf, doch noch immer sind viele Fenster mit Brettern verschlossen, Karten angeheftet: »à vendre«. In den blinden Luken wuchert blühendes Kraut, wilde Blumen, Büschel voller Blüten, keine Scheiben. Daneben freilich schon andere Zeichen: Ein Bett und eine Frühstückstasse unter einem Dach: *chambre d'hôte*, die neue Gastlichkeit kommt auf mit *bed and breakfast*. Auf der Höhe, verschlossen, die Kirche und die Reste einer Burg: von hier aus nahm der Massenmord den Anfang, denn hier saß Maynier von Oppède, der Schrecken der Waldenser. Das war vor allzu langer Zeit. Frischer in Erinnerung ist wohl der Schauder von Lacoste, wo spät im 18. Jahrhundert der Marquis de Sade seine sexuellen Obsessionen zelebrierte, ehe er sie dann im Kerker noch einmal durchlebte, schreibend. Das Dorf klebt am Hang wie ein Schwalbennest, darüber thront verfallen die Ruine auf dem Felsen. Von vierzig Erben hatte einst ein pensionierter Grundschullehrer, André Bouer aus Apt, den alten Rabenhorst gekauft, um ihn in mühevoller Arbeit wiederaufzubauen, einsam, Stein für Stein: »Man muß das Schloß vom Standpunkt der Ewigkeit aus sehen«. Das hielt er seinen Kritikern entgegen. Dann legte er die Kelle aus der Hand und starb. Die Ewigkeit war auch für ihn zuviel gewesen.

Stimmungsvoller, rechnet man als Maß die Suche nach dem genius loci, ist Saumane, gegenüber, am Hang der Vaucluse. Die Piste in den Ort ist aus dem Kalkgestein geschnitten, das Dorf ein Felsennest, darüber, unerreichbar wie bei Kafka, das Schloß, die Burg, der Bunker: eine Festung eher als ein Wohnsitz. Hier lebte einst ein Onkel des Marquis, ein Abt, mit zwei Mätressen, wie man liest. Lacoste liegt unter uns, als wir in Bonnieux das Panorama studieren. Gegenüber, weiter rechts dann, Gordes mit seinem Schloß in malerischer Lage, beides auch schon einmal aufgegeben und dennoch heute Knotenpunkt der Ausflügler und Reisenden. Auch ohne einen Peter Mayle.

Wie sehr die Suchbewegungen des wandernden Tourismus einen Ort verändern können, kann man nirgends besser nachvollziehen als in jenem Dorf am Lubéron, das in der Landschaft rot und in den Reiseführern allesamt mit einem Stern verzeichnet ist, in Roussillon: Im Jahre 1950 kam ein amerikanischer Soziologe in das Dorf Peyrane am Lubéron, um ein ganzes Jahr lang das Leben einer solchen dörflichen Gemeinschaft zu studieren, abseits der modernen Zivilisation. Viele Häuser hatten keine Toilette, viele keinen Strom, und Kachelbäder kannte man nur aus dem Kino. Alles das beobachtete der fremde Dorfgenosse mit dem Blick von Gulliver in Liliput: die Arbeit, die Gebräuche, die Vorlieben der Leute wie ihre seltenen Vergnügungen. Das Buch, das er am Ende daraus machte, »Dorf in der Vaucluse«, gilt in seiner Wissenschaft seither als Standardwerk. Der Mann hieß Laurence Wylie, und sein Peyrane tatsächlich Roussillon.

Zehn und fünfundzwanzig Jahre später kam der Autor jeweils noch einmal zurück zur Revision. Zuletzt bemerkte er, daß sein Peyrane sich aufgegeben hatte; es war aufgegangen in der Welt ringsum. Käme er noch einmal in sein Dorf: er fände sicher wieder Stoff genug für seine Wissenschaft. Die Frage ist nur, ob er jetzt noch einmal wollte. Denn mehr als 120.000 Besucher zählt das malerische Roussillon in der Saison, und nur wenig ist noch so wie 1950 oder 1975.

Wylies »Dorf in der Vaucluse« ist in den Sommerwochen eine durch und durch touristische Veranstaltung, und fast möchte man es gar nicht glauben, daß es wenigstens im Winterhalbjahr immer noch so schön sein soll wie früher. Wylie hatte damals neben anderem herausgefunden, daß zwei Familien im Dorf als ausgesprochen schamlos galten, weil sie ihre Fensterläden am Tag nicht geschlossen hielten. Heute bummeln junge Damen im Bikini durch die Souvenirgeschäfte, so als wären sie in Nizza oder Saint-Tropez. Die Touristen prägen jetzt das Bild des Dorfes, sie schlendern durch die engen Gassen, aufwärts bis zur »Place de la Forge«, und zoomen sich in jeden Hinterhof – immer auf der Suche nach der pittoresken Abgeschiedenheit der Stätte, die sie selbst mit Füßen treten.

Neben Engländern mit Sonnenbrand und deutschen Eltern mit Erziehungsschwierigkeiten trifft man in Roussillon jetzt vielfach eine typischere Klientel: Junge Vollbärte mit alten Wohnmobilen, Aussteiger auf Zeit in Batikbermudas und Sandalen aus Stroh, Künstlertypen mit ergrauten Haaren auf der Suche nach der verlorenen Zeit.

Denn was man häufig nur von Bildern kennt, die Farben der Provence, das bietet Roussillon in seinen Gassen um den Glockenturm wie kaum ein zweiter Ort in der Vaucluse: Die Farbenpracht der Wände gibt das Farbenspiel der Landschaft wieder, über der sich Roussillon erhebt. Die alten Ockerbrüche mit den flammend roten, steilen Wänden reichen rings bis an den Ort heran. Dort sitzt das Bergdorf wie ein Farbklecks auf dem Tuschekasten der Natur.

Um 1780 entdeckte Jean-Etienne Astier die Färbekraft des Ockers, eines weichen mineralischen Gemischs. Seit 1785 machte er die Gabe der Natur zu Geld. Hundert Jahre später kam die Eisenbahn bis in das nahe Städtchen Apt, und mit der Bahn begann der Boom. Ockerbrüche, Ockerminen, Ockerwäschereien blühten auf, bis in den dreißiger Jahren der künstliche Ocker den alten Farbstoff in den Schatten stellte. 1975 wurden die Gruben bei Roussillon stillgelegt.

Doch der Ocker ist noch da: In der Boutique »Ocrement dit« am Ortsrand wird er, in kleinen Tüten abgepackt, verkauft, 250 Gramm für 15 Francs, und durch die alten Gruben führt ein vielbegangener Spazierweg, der *sentier des ocres.*

Die Leute, die uns hier entgegenkommen, können ihre Herkunft nicht verleugnen, alles leuchtet rot und gelb: die Schuhe, Knöchel, Hosenbeine, und die Hände sowieso. Gleich nach dem Friedhof senkt sich links der Weg in eine unerhörte Farbkaskade. Dunkles Rot steht in den Wänden neben leuchtend weißen Adern, Gelb changiert von Schwefel bis zur Dotterfarbe, und zwischen Pinien und Bruyèrebüschen am Boden findet sich der feinste Eieruhrensand im warmen Farbton der Maronen.

Kinder lassen sich den bunten Staub begeistert über die Gelenke rieseln, und in einer Mulde finden wir erwachsene Gestalten, die wie Höhlenmenschen auf dem Kriegspfad wirken – allesamt in Kleidern, aber doch in monochromen Hüllen jenseits jeder Mode: Sie wälzen sich im Ocker rhythmisch für und wider, reiben sich den bunten Sand in Haut und Haare, werfen ihn empor und drehen sich dazu in stummer Langsamkeit am Boden, kreuz und quer und übereinander, als wollten sie, locker im Ocker, zurück in den trockenen Schoß von Mutter Erde. Ist nach der Stadtflucht reich gewordener Pariser nun die Weltflucht des New Age die jüngste Bestimmung von Wylies »Dorf in der Vaucluse«?

Erst als wir weiterfahren, Roussillon im Rücken, auf kleinen Nebenstraßen durch die Berge, wo wir abgeerntete Lavendelfelder säubern, bis wir ganze

Bündel Mitbringsel beisammen haben – kommen wir noch einmal unverhofft auf Wylies Spur: Er hatte seinen Ort exakt beschrieben und sogar in eine Karte eingezeichnet. Dort, wo er liegen sollte, finden wir Gargas. Im Gasthaus »La Campagne« an der Straße sitzen Arbeiter im Schatten wuchtiger Platanen bei Ochsenmaulsalat und Wachteln, Käse und Dessert und Wein in großen Glaskaraffen. Und alles dies für ein paar Francs! Die Wirtin kommt mit einem Krug voll eisgekühltem Wasser und deckt uns ihren letzten Tisch im Freien, und für eine lange Mittagspause sind wir in Peyrane, einem Dorf in der Vaucluse.

Über alle Berge

Sie waren unterwegs zum selben Ziel, gemeinsam, wenn auch auf getrennten Wegen und in verschiedenen Jahrhunderten: der Dichter Francesco Petrarca und der Lehrer und Insektenforscher Henri Fabre, jener 1336, dieser 1865. Beide haben Zeugnisse von ihrem Aufstieg überliefert, und im Vergleich tritt das spezifische Erlebnis dieser Landschaft klar hervor, so daß man endlich meinen könnte, es seien da nicht bloß zwei Routen und zwei Zeiten festgehalten, sondern auch zwei Berge. Folgen wir im Zweifelsfalle beiden!

Petrarca, 1304 geboren in Arezzo in Italien, war als Kind ins Venaissin gekommen, wo sein Vater am Papstpalast in Avignon als Notar Dienst tat. Der Kosten wegen wuchs er in Carpentras auf, das war nicht so splendid und spleenig wie die große Kapitale. Nach Studien in Montpellier und Bologna kehrte er zurück nach Avignon, da traf er wieder auf den Riesen seiner Kindheit, und mit 32 Jahren schrieb er abends endlich nieder: »Den höchsten Berg dieser Gegend, den man nicht unverdientermaßen Ventosus, den Windigen, nennt, habe ich am heutigen Tage bestiegen. Dabei trieb mich einzig die Begierde, die ungewöhnliche Höhe dieses Flecks Erde durch Augenschein kennenzulernen. Viele Jahre lang hatte dieses Unternehmen mir im Sinn gelegen; habe ich doch in der hiesigen Gegend, wie Du weißt, seit meiner Kindheit geweilt, wie eben das Schicksal die menschlichen Dinge fügt. Dieser Berg aber, der von allen Seiten weithin sichtbar ist, steht mir fast immer vor Augen.«

Das war vom Antrieb her schon sehr modern gedacht; Petrarcas Brief aus Malaucène enthält denn auch die erste Schilderung eines solchen Unternehmens. Oben allerdings verweist der Berg ihn dann zurück auf jene gänzlich mittelalterliche Sicht, die alles als ein Zeichen Gottes nahm: Mehrfach hat er, weichlich, den bequemen Weg gewählt, dieweil sein Bruder und Begleiter sich auf den steilen Pfaden mühte, bis er einsah: »Es kann nun einmal nicht geschehen, daß irgendein körperliches Wesen durch Hinabsteigen zur Höhe gelangt.« Und also kommt ihm zur Besinnung: »Was du heute so oft bei Besteigung des Berges hast erfahren müssen, wisse, genau das tritt an dich und an viele heran, die da Zutritt suchen zum seligen Leben.« Da wird die Bergtour zum Erlebnis von emblematischer Kraft: »Wohl aber liegt das Leben, das wir das selige nennen, auf hohem Gipfel, und ein schmaler Pfad, so sagt man, führt zu ihm empor.« So erreicht er die Höhe, und älter ist keine Beschreibung der Fernsicht als die von Petrarca: Er sieht die Alpen, ahnt Italien, die Heimat, klar die Berge vor Lyon, den Golf von Marseille und die Rhône »geradezu vor Augen«. Um die Seele auch zu Höherem zu heben, schlägt er Augustin auf, die »Bekenntnisse« – und bittet Gott zum Zeugen, daß er dies als erstes liest: »Und es gehen die Menschen, zu bestaunen die Gipfel der Berge und die ungeheuren Fluten des Meeres und die weit dahinfließenden Ströme und den Saum des Ozeans und die Kreisbahnen der Gestirne, und haben nicht acht ihrer selbst … « Und so schließt er: »Da beschied ich mich, genug von dem Berge gesehen zu haben, und wandte das innere Auge auf mich selbst, und von Stund an hat niemand mich reden hören, bis wir unten ankamen.«

Für Fabre – was Wunder! – hat der Aufstieg nichts mehr von einem singulären Erlebnis, gar von Bekehrung; vielmehr »eignet sich der kahle Berg der Provence, der Mont Ventoux, besonders gut zu pflanzenklimatischen Studien«. Das weiß er aus Erfahrung: Dies ist seine 23. Besteigung. Entsprechend nüchtern sein Bericht: »Der Mont Ventoux läßt sich am besten mit einem Haufen jenes Schotters vergleichen, den man zum Unterhalt der Straßen benötigt. Denkt euch diesen Haufen zweitausend Meter hoch, gebt ihm eine entsprechende Basis, bekleidet den weißen Kalkfelsen mit dunklen Wäldern, und ihr könnt euch von diesem Berg eine ziemlich genaue Beschreibung machen.«

Natürlich bleibt es nicht dabei: Liebevoll widmet sich Fabre dem Naturereignis, das der Aufstieg darstellt, nennt die Pflanzen von Buchs über Mohn bis zum gegenblättrigen Steinbrech, vergißt darüber nicht die Würste aus Arles, die grünen und schwarzen Oliven, die Hammelkeulen und die faden Hühnchen im Proviant und den Wein, der unten wächst, nicht den Sauerampfer und den Eselspfeffer als Würze – und faßt in einem Satz zusammen, was ihm wichtig ist: »Ein halber Tag senkrechten Aufstiegs läßt vor unseren Blicken eine Folge von Pflanzentypen vorüberziehen, denen man sonst nur während einer langen Reise von Süd nach Nord, demselben Längengrad entlang, begegnen würde.« Auch er gibt sich der Aussicht hin – für Augenblicke: »Im Norden und Osten breitet sich unter unseren Füßen eine gewaltige Wolkenschicht aus, eine Art Ozean aus weißer Watte, aus dem, wie Schlackeninseln, die schwarzen Gipfel der unter uns liegenden Berge emporragen. Gegen die Alpen hin erstrahlen einige Gletscherfirste.«

In Sérignan, gleich an der Straße nach Orange,

haben wir Fabres *harmas* gesehen, seine Wohn- und Werkstatt mit dem Garten dahinter. Mit 56, nach entbehrungsreichen Jahren, konnte er die 7800 Goldfranken aufbringen und sich den alten Traum erfüllen: »Das ist es, was ich mir wünschte, hoc erat in votis: eine kleine ländliche Besitzung, oh, nicht sehr groß, aber abgeschlossen und den Unzuträglichkeiten der Landstraße entzogen, ein verlassenes Stück unfruchtbares Land, ausgedörrt von der Sonne, günstig für die Disteln und die Hautflügler.« Dies, ungefähr, die Übersetzung des provençalischen Begriffs *harmas.* Und so, wie er die eigenen Bedürfnisse zurücksetzt hinter die der Disteln und Insekten, ist auch der *harmas* im Innern eingerichtet: Da gibt es einen Tisch, *ma petite table*, wie er selber schreibt. »Groß wie ein Schnupftuch – auf der rechten Seite stand das Tintenfäßchen, wie man es für fünf Centimes kaufen kann, und die linke Seite war bedeckt vom offenen Heft –, gewährte mein Tisch gerade so viel Raum, daß ich die Feder zu führen vermochte.«

Heute liegt dort der berühmte Hut mit breiter Krempe, am Haken an der Wand die Sammeltasche, der Rest ist dann die Sammlung selber: Muscheln, Zähne, Schnecken und Versteinerungen in alten Schränken hinter Glas, Schlangen in Alkohol, ausgestopfte Vögel, alles, was sich finden ließ, vom Maulwurfsschädel bis zum Skorpion, und auf den Schränken, in vier Dutzend schwergewichtiger Herbarien, die Pflanzenwelt seiner Heimat. Unten schließlich, in Neondämmerlicht, die Aquarelle mit den Pilzen der Region, zahllos wie es scheint, und doch gezählt: 262 Tafeln – von insgesamt siebenhundert. Es hat vielleicht mit dem begonnen, was kleine Jungen in der Hosentasche tragen, aber Fabre hat es zum System gemacht, ein Besessener auch er, keine Frage, und auch *un isolé,* indes aus Selbstbescheidung. In seiner Arbeit war er eher maßlos, mehr als ein Dutzend Lehrbücher schrieb er in einem Jahrzehnt, und dann erst die Bücher, die ihn vor allem berühmt gemacht haben: zehn Bände mit »Souvenirs entomologiques« – »Insektenkundliche Erinnerungen«: Das klänge dürr und trocken, doch das muß man erst einmal gelesen haben, wie einer sich der Mühe unterzieht, für einen Scarabäus, einen Mistkäfer, den ihm gemäßen Dung zu sammeln. Unter seiner Lupe, seiner Feder steigen die reflexbedingten Rituale der Gottesanbeterin hinauf in den Rang von Mythen antiker Tragödie. 1924 haben sie ihm am Cours Jean Henri Fabre ein Denkmal gesetzt, mit Stock in der Rechten und Lupe in der Linken, doch noch immer kommen die Besucher nur vereinzelt in den *harmas;* wer weiß schon, was das ist, was da geschrieben auf dem Sockel steht: »Entomologiste«?

Nur einen Steinwurf weit von hier hat einst ein Deutscher seiner provençalischen Passion ein bleibendes Denkmal gesetzt. Der Ingenieur und Maler Werner Lichtner aus Berlin, dann München, kaufte 1967 für einen Franc von der Gemeinde das »Château« und baute die verfallene Ruine mit seinen Händen wieder auf. Als Werner Lichtner-Aix bekannte er sich zu der Landschaft der Provence, als sei sie schon sein Ausgangspunkt und nicht vielmehr sein Ziel. In ungezählten Zeichnungen und Bildern hat er seinen Traum von Licht und Farben immer wieder neu gesucht und neu gefeiert. Meist sind es Alltagsszenen, Szenen an der Ecke unter den Platanen, gelegentlich auch Skizzen für die Bücher seiner Frau Monique. Sein Atelier ist nun schon lange sein Museum, denn Werner Lichtner-Aix starb früh, buchstäblich media vita. Kurz vorher hatte er den Sinai bereist, allein mit seinem Fahrrad, das nun einsam im Museum steht. Wir kauften eins der Kochbücher, und als wir die Autorin vor der Haustür trafen, mit den Einkäufen beschäftigt, baten wir um eine Signatur. Sie holte ein Tablett mit ein paar Gläsern Vichy-Menthe und bat uns auf die schattige Terrasse zu einem Gespräch über Kunst, die Provence und über den Ventoux, den wir nur Tage vorher, auf Fabres und Petrarcas Spur, bestiegen hatten in der Hitze des August.

Auch Petrarca hatte sich, wie Fabre, einst zurückgezogen vom Betrieb. Angewidert vom verderbten Avignon suchte er die Ruhe eines verschlossenen Tals, die schon damals »vielgerühmte Quelle der Sorgue«, wie er schrieb.

Und so heißt sie noch heute: vallis clausa, Vaucluse. Nur daß die Fontaine de Vaucluse in der Provence von heute eine der meistbesuchten Stätten ist. Völlig zu verstehen ist das nicht, vielleicht führt manchen schon die Übersetzung irre, denn die berühmte Quelle tritt zumeist ganz unmerklich in einem Felsenloch zutage, nicht spektakulär als Fontäne. Nur wenn der Schnee schmilzt, schäumt sie sprudelnd in der Grotte. Hier hat Petrarca 16 Jahre lang gelebt, hier hat er seine berühmten »Sonette an Laura« geschrieben, deren Stil als *petrarchismo* wegweisend wurde nicht nur für die italienische Nationalliteratur. Was tut es da zur Sache, ob diese Laura je gelebt hat? Und vielleicht war es auch wirklich jene Dame Laure de Sade, der er am Karfreitag 1327 in Avignon zum ersten Mal begegnet ist. Heute, das steht fest, sind beide gleichermaßen existent. Noch das Hotel im Ort trägt ihren Namen: »Petrarque et Laure«. Dem Fließenden entgegen, das sprudelnd über grün bemooste Steine fällt, kommt man zuletzt an die Quelle. »Die Illusion eines Theaters« ist das, was Moritz Hartmann empfindet: Ringsum überwölbt von hohen Felsen, die einander oben anzunähern scheinen, liegt die Wasserfläche da wie schlafend. Die größte Wirkung rührt indes aus dem, was man erfährt, nicht aus dem, was man sieht: Noch immer ist nicht ganz geklärt, woher das Wasser stammt; ein Mini-U-Boot drang bis in 308 Meter Tiefe vor, ohne einen Zulauf zu entdecken, und die bislang unbekannten Höhlen tief im Kalkgebirge müssen immens sein: zweihundert Gramm Kalk führt das Wasser im Durchschnitt mit sich pro Sekunde, ein Kilo alle fünf Sekunden, das macht weit über sechstausend Tonnen im Jahr – und wieviel hunderttausend Jahre fließt hier schon die Sorgue!

Am schönsten ist der Felsendom am Spätnachmittag, wenn die tiefe Sonne in die Dohlenlöcher scheint. Noch schöner war er ohne Zweifel zu Petrarcas Zeiten, ohne Würstchenstände auf der Strecke und die üblichen Belustigungen. »Scharen von Ausflüglern, die nie eine Zeile von Petrarca gelesen haben, verurteilen jeden Versuch, hier an das Schöne zu denken«, schrieb Wladimir von Hartlieb schon 1930. Er hat wohl recht, und mehr denn je, und dennoch wird man zögern, Renaissancegedichte zu Entréebillets zu degradieren. Hier spricht derselbe Geisteshochmut, der den touristischen Gemeinplatz in die Welt gesetzt hat, Petrarca sei der erste Mensch auf dem Ventoux gewesen: Er hat, schreibt er selber, beim Aufstieg »einen uralten Hirten« getroffen, der will ihn warnen vor dem Weg, »er habe vor fünfzig Jahren in ebensolchem Ansturme jugendlichen Feuers den höchsten Gipfel erstiegen, indessen nichts von da heimgebracht als Reue und Mühe und von Felskanten und spitzem Dorngestrüpp zerrissenen Leib und Rock«. Heute kostet es nur einen Umweg auf der Fahrt durch die Provence, ein Erlebnis indes ist der Ventoux geblieben, und wer ihn nur einmal, wie wir, zu Fuß besteigt, von Ste-Colombe im Süden aufwärts bis zum Gipfel, wird den Eindruck nicht vergessen. Gesetzt, daß man hinaufkommt, denn ein halbes Jahr lang, von November bis Mai, hat man sehr damit zu rechnen, daß die Route zum Gipfel gesperrt ist. Dann bescheidet man sich mit dem Skigebiet am Mont Serein, läßt sich bräunen bei Sonne und Schnee, während unten schon die Aprikosen blühen, und folgt den Wolken mit den Augen, wie sie rasch und in wechselnden Bildern über den Horizont kippen.

Elf Grad kälter ist es im Durchschnitt oben als am Fuß des Berges, und kein Vorgebirge schirmt den Riesen ab, wenn unten der Mistral schon durch die Treppenhäuser fegt wie durch den Rauchzug und in den leeren Gassen lärmend mit den Abfalltonnen kegelt. Dann finden in den Brunnen von Caromb die Wasserstrahlen längst nicht mehr die Becken, und der Händler mit dem Heizöl hat noch einmal Aufträge im Frühling. Nun wisse er, schreibt van Gogh bei Mistral an Bernard, »warum Cézannes Pinselstrich manchmal sicher, manchmal ungeschickt ist: seine Staffelei wackelt eben«. Drei Tage, sechs oder neun bläst der Mistral, sagen die Leute – und dann zählen sie mit und kommen tatsächlich bis drei oder sechs oder neun, voilà.

32 Winde kennt die Provence. Sie sind alle mit Namen verzeichnet am Dach der kleinen Mühle über Fontvieille, aber den hier kennt man so, wenn man ihn trifft, den »Meisterwind« aus dem Zentralmassiv, *mistrau* auf provençalisch, den »Wolkenjäger, Trübsalmörder, Himmelsjäger«, wie Nietzsche ihn im Vers verehrt hat: »brausender, wie lieb ich dich!«

Dann ist auch der letzte Dunst hinweggewischt, der blaue Himmel wie poliert und dunkel, wenn man das Sonnenlicht im Nacken hat; dann sieht man hier oben die Alpenspitzen weiß und blau, gegenüber die Vaucluse und im Anschluß im Osten das Luregebirge, dahinter das Bergland der Hochprovence. Fern im Südosten die Ste-Victoire, den Berg des Marius, und glänzend Meer und Camargue. Im Norden schließlich mit Kuppen und Hängen das Land um Nyons, die Bergkämme der Baronnies – und folgte man Mistral, dem Dichter, hätte man beim Blick hinauf die Sterne neben sich: so hoch reicht der Vintur, der »ehrwürdige« Berg der Provence, die man als Ganzes von hier oben überschauen kann – ringsum bis an die Ränder.

Wo also endet die Provence? Die Frage ist so alt und auch so schwierig zu beantworten wie ihr Gegenteil: Wo beginnt sie? Im Hochland ist die Pforte ohne Frage Sisteron. Hier hat sich die Durance in ungezählten Zeitaltern ihr Bett gegraben, und noch immer ist der Durchlaß durch den Kalksteingrat verengt. Schon das römische Segustero hat hier die natürlichen Gegebenheiten militärisch genutzt. Heinrich IV. hat dann im späten 16. Jahrhundert die mittelalterliche Festung zur großen Zitadelle ausbauen lassen, wie sie heute noch auf dem Kalkfelsen thront, und noch im Zweiten Weltkrieg hatte Sisteron seine alte Stärke zu büßen: Es wurde bei der Invasion der Alliierten heftig zerbombt.

Dies ist der Ort, einer von vielen zumindest: »Hundert Meter vor Sisteron, da wo Buech und Durance ineinanderfließen: dort und nirgendwo anders, niemand kann sagen warum, beginnt die Provence«, so beginnt Wolf von Niebelschütz seinen Essay »Provence« (München 1956). Man könnte die Begründung immerhin versuchen: Hier wechseln Klimazonen und Vegetation, die Luft ist spürbar wärmer, wenn man ankommt, und das Leben provençalisch. Noch der Glockenkäfig auf dem Turm verkündet, daß man da ist: *barbarottes* heißen die geschmiedeten Glockengestelle, die wie Vogelbauer wirken. Man sieht sie überall in der Provence: listige Reverenz vor dem Meisterwind, sagen die einen. Andere verweisen auf die Anekdote aus bedrängter Zeit: Als die Uhr die Zeit erst automatisch schlug, konnte niemand länger in der Nacht den Türmer kontrollieren – niemand konnte wissen, ob er sicher schlief. So hat man, wird erzählt, den offenen Käfig erfunden mit einer zweiten Glocke dabei, die der Wächter dann, gut sichtbar, mit der Hand zu schlagen hatte. Immerhin, noch heute begrüßen die provençalischen Kirchen jede volle Stunde zweimal.

Und auch die Sonne zeigt uns, daß wir da sind: das Städtchen Valensole auf dem nahen Plateau trägt sie im Namen und im Emblem noch einmal.

Zwischen Sault am Fuß des Ventoux und Moustiers-Ste.-Marie und weiter bis Grasse erstreckt sich das Reich des Lavendels. Der Lavendel, wie auch der Thymian, war anfangs eine Heilpflanze. Im 19. Jahrhundert nutzte man ihn dann zur Herstellung von Wäscheparfüm, 1921 wurde bei Allemagne erstmals Lavandin angebaut, eine natürliche Züchtung, die weit ertragreicher ist, aber weniger intensiv duftet. Allein fünfzig Tonnen davon werden alljährlich in kleine, buntbedruckte Stoffsäckchen gestopft und an Touristen verkauft. Analog zu den drei Geißeln der Provence zählt der Lavendel heute, gemeinsam mit dem Tourismus und abermals der Durance, der gezähmten, die das Land bewässert, zu den drei Segnungen des Landes. 1968 haben sich die Anbauer genossenschaftlich organisiert, seit 1981 gibt es eine

Klassifizierung wie sonst nur beim Wein mit »Appellation Essence de lavande de Haute Provence«, seit 1990 geht die Produktion zurück. Lavendel wächst inzwischen nicht nur im Midi, und künstliche Aromastoffe duften auch. Bei Puimoisson zeigt uns ein Bauer ein verwildertes Lavendelfeld: »Die Jugend«, sagt er, »scheut die Mühe.« Für unser ehrliches Bedauern hat er nur ein Schulterzucken, und den Hinweis auf die Schönheit der Lavendelfelder tut er ab: »Schön, was heißt schon schön? Eure Bauern haben Kühe. Kühe sind auch schön. Und früher einmal wuchs hier überall Getreide.« Und schön, er braucht es nicht zu sagen, ist solch ein Kornfeld auch.

Im Norden endet und beginnt die Provence bei Nyons. Dienstags, auf dem Markt von Vaison rund ums »Hôtel du Théatre Romain«, kann man es sehen: Da gibt es zwischen Rosmarin und Stockfisch, Brennholz und Borsalinos, Wachteln am Spieß und den Würsten von Arles ganze Tische mit nichts als Oliven, vielfarbig und mit vielerlei Zutat, und die schönsten kommen aus Nyons. *Tanche* heißt die Sorte, sie gilt als vorzügliche Tafelolive und gibt vom Fettgehalt das reichste von den Ölen der Welt. Und in den Haushaltsläden überall in der Provence werden die *scourtains* feilgeboten, die Filtermatten der Olivenpressen aus Kokosfasern, nun als Fußmatten empfohlen für Häuser auf dem Land, von Hand geflochten wie zu alten Zeiten in Nyons.

Das Hochtal des Eygues, eine Reihe kleiner Mulden, ist geschützt vor dem Mistral, dafür scheint die Sonne des Midi das ganze Jahr – *ensouleiado tou l'an*. Der heilige César soll in seinem Handschuh eine Brise von der See geborgen haben, um sie nach Nyons zu bringen, und beide, der stetige geringe Wind und die Sonne, machen aus dem Land das »Paradies auf Erden«, wie es Giono versichert hat. Die schwarze *tanche* wird nur hier angebaut, und, welch Wunder, sie gedeiht nur hier.

Das schönste Bild indes im Gebiet des Ventoux gewährt nicht der Gipfel, hier ist der kahle Riesenbuckel sich selber im Weg. Also hinab, hinunter von den 1907 Metern, hinab durch das weiße Geröll, das man von ferne leicht für Schnee nimmt, hinunter, bis der Buchsbaum wiederkommt, die Eiche, dann der Maulbeerbaum, die Kiefern, Lärchen und Zedern, die man hier gepflanzt hat, hinab nach Bédoin, das in einem Meer von Reben liegt, am schönsten, wenn im Herbst die Trauben für den Côte de Ventoux gelesen werden, und auf der Nebenstrecke weiter Richtung Malaucène. Hier sind nur kahle Hänge voller Kraut, Pinien vereinzelt dazwischen: So sah der Mont Ventoux vor Zeiten aus, kahlgeschlagen für die Werften in Toulon. Damals hieß er bei den Seinen Mont Pelé, geschälter Berg.

Und dann entdeckt man sie im Westen, die »Spitzen«, die »Zähnchen«, die Dentelles de Montmirail. Das kleine Kalkgebirge war der Westausläufer des Ventoux, nun haben ihn Sonne und Wind zu weißen Zacken werden lassen, die fern an Klöppelspitzen erinnern. Daher der Name. Die Spitzen sind nicht übermäßig hoch, 734 Meter hat der Mont Armand, doch Gigondas am Westhang ist nicht nur ein berühmtes Weindorf, sondern auch der Sitz des Club Alpin de France. Montmirail, das seinen Namen gab, ist nur ein Flecken noch am Rand der Berge, ein Platz mit Platanen inmitten einer Senke im Gestein; alte Führer rühmen hier noch eine Straße hinauf auf den Paß und hinab nach Gigondas, doch heute geht fast nichts mehr, es sei denn, man geht.

Auch Beaumes-de-Venise ist ein Kletterort, berühmt vor allem aber wegen seines Weins, Muscat de Beaumes-de-Venise, empfohlen als Aperitiv, ein Wein mit dem Geschmack der übersüßen Muskatellertrauben, die man im Herbst auf allen Märkten der Umgebung feilhält. Schön ist im Frühjahr die Fahrt von Malaucène nach Suzette, der Aufstieg durch die Berge, bis man auf einmal vor sich, weit, den kleinen Ort hat wie gemalt, dahinter die Dentelles, und alle Hänge blühend voller Aprikosen.

Am Hang eines eigenen Kegels liegt Séguret mit dem Turm einer Burg über allem, ein Künstlerdorf mit alten Straßen, die alle aufwärts führen.

Die Panoramatafel nahe dem berühmten Restaurant »La Table du Comtat« verrät, wo Avignon zu suchen ist und Château-Neuf-du-Pape und Sérignan und daß dies unten dort Sablet ist, ein Flecken an der Straße und doch abseits vom Verkehr. Vor allem mittags: Der Wirt dort im »Café des Sports« trägt seinen Kneipennamen auf dem Hemd, draußen am Balkon hängen die Trikots vom letzten Spieltag, innen gibt es Pokale und den Blick auf die Tabelle; der Alte hat die Theke seinem Sohn schon lange überlassen, nur wenn er Landpastete auf die *baguette* streicht, muß er in die Küche. Männer stehen hier in Arbeitskleidung, draußen parken Lastwagen voll mit den Gemüsen von Cavaillon und Châteaurenard, die Fahrer trinken Kaffee oder roten Côtes du Rhône, der wächst nicht weit von hier, bald fahren sie mit den Melonen durch flaches Weinland weiter, durch Cairanne und Ste-Cécile-de-Vignes und weiter längs der Autobahn, die nach der Sonne heißt. Hier ist Provinz. Zur vollen Stunde schlägt die Glocke in der Barbarotte, und an der Theke duftet der Pastis. Hier ist Provence.

Stille Wasser

Das gibt es: Bilder noch wie aus dem Paradies, das glitzernde Türkis des flachen Wassers bis zum Horizont, schwarze Stiere, eingerahmt von weißer Gischt im Gegenlicht, Reiter mit sicheren Lanzen, die gelassen mit der linken Hand die weißen Pferde zügeln. Es gibt diese Bilder in den Reisebüros von Paris, rings um die Oper. Die Bilder kennen keine Baugruben und keine Verbotsschilder, keine Imbißbuden, keine schwarzen, zerrissenen Folien, die von den ausgebeuteten Spargelreihen unterwegs sind im Wind bis in die grünen Gräben längs der Straße; und es gibt keine aufdringlichen Zigeunermädchen, die einem ständig Blechmedaillen an die Jacke heften wollen mit Beteuerungen, »Silber«, wie sie sagen, nur ein paar Francs pro Blechbonbon.

Sechzigtausend Urlauber in Saintes-Maries im Juli, nochmals sechzigtausend im August suchen rund um ein Dorf von 2450 Bewohnern meist vergeblich nach dem Zauber der Camargue, den sie selbst mit Füßen treten. Das ist Saintes-Maries im Sommer: Das schiebt und drängt sich abends, wenn der Strand geleert ist, durch die Gassen, vorbei an Restaurants und Andenkenläden. Hier gibt es kaum *santons,* aber Stiere und Pferde aus Plastik und Samt, Flamingos aus Glas und aus Federn oder himbeerrot aus Kunststoff. Das Abenteuer, das sie suchen, findet derweil abseits statt, unter Ausschluß der Öffentlichkeit.

Es gibt in der Provence nicht eine zweite Gegend, die so abgeriegelt ist wie die Camargue. Von den Brutstätten der Vögel und den Weideflächen der berühmten weißen Pferde in den Sümpfen und salzigen Steppen wäre anders aber auch nichts mehr übriggeblieben. So bleibt dem Reisenden mit dem flüchtigen Blick kaum mehr als endlose Fahrten durch Sandwein und Reis, Spargel und trockenes Weidegebiet. Telegrafenmasten sind das Höchste, was man sieht, sie gliedern hier den Horizont im Wettstreit mit Zypressen und dem gelben Schilf im Graben. Wer die Camargue anders kennenlernen will als so, braucht Zeit und Muße, Geduld und Glück, und wenn er Geld aufbringen kann, um so leichter: Abseits der Straßen wohnt man dann auf einer *mas,* wo die Bungalows ans Wasser grenzen und wo man noch vom Bett aus dem abendlichen Konzert der Flamingos, Silberreiher, Teichhühner und Frösche lauschen kann. Es geht indes auch anders.

Zeit hat sich auch die Natur genommen, als sie im Delta der Rhône eine Insel abgelagert hat, knapp sechshundert Quadratkilometer Land, das einmal Schlamm gewesen war, Geschiebe, Steine, Bäume und Geröll aus dem Wallis und aus Savoyen. Noch immer wachse die Camargue, heißt es, obwohl die Rhône inzwischen domestiziert ist. An anderen Stellen hält sich das Meer wieder schadlos und holt sich Biß für Biß zurück, was ihm verlorengeht. Die Natur hat nur die Vorbereitungen getroffen; die Camargue geschaffen, wie sie heute ist, hat dann der Mensch. Er hat die Wälder abgeholzt, die hier gestanden haben, er hat sie ruiniert wie die Landschaft nördlich von Nîmes, die heute Garrigues heißt nach dem, was einzig auf ihr wächst: kleine Kermeseichen, Ginster und Wacholder, dazu die Kräuter der Provence, kein Forst. Die Eindeichung der Rhône hat das Land vor Überflutungen geschützt – vor dem Süßwasser also: so sind die Lagunen und *étangs* brackig geworden, die Salzsteppe wuchs. Das Delta war da allenfalls als Weide zu benutzen, erst die Trockenlegung und Entsalzung seiner nördlichen Gebiete ließen Ackerbau zu, Reis wächst dort vor allem, Sandwein, Weizen, im Frühjahr leuchtet der Raps und zum Ende des Sommers die Felder mit Sonnenblumen. Die Kultivierung für die Landwirtschaft zum einen und die Salzgewinnungsindustrie zum anderen nehmen heute allerdings – in Allianz mit dem Tourismus – die »klassische« Lagunenlandschaft der Camargue bedrohlich in die Zange.

Die Marktgesetze freilich sind inzwischen auf der Seite der Naturschützer: Die Konkurrenz ist billiger, die Reiserzeugung geht zurück. Und die Camargue ist heute ein Naturpark mit einem sorgsam überwachten Schutzgebiet zum Wasser hin. Dort sind die glitzernden *étangs* und die offenen Sümpfe, wo der Boden reißt und trocken zu Rauten zerspringt in der Sonne, nichts als Glasschmalz, *salicorne*, rotes Salzkraut bis an den Horizont. Man kann sich dem *étang* von Vaccares nur selten und umständlich nähern, auf löchrigen Pisten zumeist und am besten zu Fuß, etwa auf der Digue à la Mer von Le Paradis zum Leuchtturm von La Gacholle. Da hat man unterwegs noch weite Weideflächen, da hat man fern Flamingoschwärme, schmeckt das Salz im zerrenden Wind und sieht am Ende, weit im Westen, über dem flimmernden Horizont, die wehrhafte Kirche der heiligen Marien. Hier sind die Seeräuber und Sarazenen einmal zu häufig erschienen, nun ist das Gotteshaus zugleich eine Festung mit einem Wehrgang und einem Dach aus steinernen Platten: unbrennbar. Der gute König René hat nach den heiligen Marien graben lassen, ein Engel hatte ihm im Traum die Stelle gewiesen, und seither ist das Dorf ein Wallfahrtsort. Sarah, der Marien schwarze Dienerin, war früh schon von Zigeunern verehrt, doch erst 1935 gestattete es die Kirche den gläubigen Zigeunern, mit ihrer Statue der schwarzen Sarah an der Wallfahrt Ende Mai teilzunehmen. Das ist der Höhepunkt im Jahr für die Camargue, wenn die weißgekleideten Zigeuner ihre Statue ans Wasser tragen, wenn die Schreine mit den heiligen Gebeinen gezeigt werden und ein Priester das Meer segnet, von dem aus alles einmal angefangen hat. Es gilt, die Schreine zu berühren, sie womöglich gar zu küssen. »Vivent les Saintes!« rufen sie im Chor bei allen rituellen Verrichtungen, und obwohl die schwarze Sarah niemals in den Stand der Heiligen berufen wurde, wird sie doch seit 1968 in den Predigten als Heilige genannt.

Für einen König, selbst einen ohne Fortune, war es weitaus leichter, anerkannt zu werden: 1244, im selben Jahr, als in Montségur der Albigenserkrieg beendet wurde, kam den christlichen Eroberern Jerusalem abhanden. Schon rüstete die Krone neu und erstmals in der Provence. 1240 hatte Ludwig IX. von den Mönchen des Klosters Psalmodi ein Grundstück im Sumpfland erhalten, und hier, inmitten Aquae Mortuae, inmitten Toter Wasser, ließ er sich einen Festungsturm bauen mit vielen Metern starken Mauern und einen Graben ziehen, der das Meer erreichte, den *Grau Louis,* also den Kanal des Königs: Grau du Roi.

Dann erging der Heerruf, 38 Schiffe lagen schon in Genua bereit, die Ritter selber hatten nur das Nötigste herbeizuschaffen: ein Fäßchen für Wasser, ein Nachtgeschirr, ein Licht für die Nacht, Proviant nach Bedarf und Belieben – und eine Kiste, mannshoch und eisenbeschlagen, als Koffer zu nutzen oder als Sarg, je nachdem. Am Namenstag von Augustinus, 1248, stach das »Heer der Christenheit« in See, fachkundig eingeschätzt »auf 2500 Ritter, 5000 Armbrustschützen und viele andere Leute zu Fuß und zu Pferde«.

1270 bricht Ludwig ein zweites Mal auf – der erste Kreuzzug, der sechste von allen, war glücklos verlaufen –, jetzt ist nur noch ein Hauch von Leben in ihm, »non plus qu'un souffle de vie«, wie die Chronik berichtet. In Tunis stirbt er an der Pest, betend für die Seinigen. So wird man heilig.

1272 läßt sein Sohn Philipp der Kühne den Flecken mit Mauern umgürten, und Philipp der Schöne bringt 28 Jahre später die Arbeit zu Ende: Das ist Aigues-Mortes, die Stadt im toten Wasser, 15 Türme, zehn Tore, von außen noch im selben Zustand wie vor nun fast siebenhundert Jahren, ein Karree mit 1633 Metern Mauer ohne Kratzer – wie in Hollywood.

Im 14. Jahrhundert hatte das stolze Gemäuer noch 15.000 Einwohner, ungefähr dreimal soviel wie heutzutage; dann versandete die Rinne, die Küste wuchs davon, die Stadt im toten Wasser wurde unbedeutend, und die Geschichte hatte nur noch Anekdoten übrig: 1418, im Hundertjährigen Krieg, werden die Burgunder in Aigues-Mortes im Schlaf von Partisanen abgeschlachtet. Man wirft sie in den Turm, der im Südwesten an die Rinne grenzt und seither *tour des Bourguignons* genannt wird; aus Furcht vor Seuchen häuft man Salz darauf – man pökelt die Burgunder und singt ein Spottlied auf das *Bourguignon salé*. Im 17. Jahrhundert schließlich und im folgenden, nach der Kündigung des Toleranzedikts von Nantes, war der Turm, von dem aus Ludwig losgesegelt war, ein Kerker für die Hugenotten. Eine unter ihnen, Anne Durand mit Namen, war 38 Jahre lang gefangen und auch hinterher noch nicht katholisch. Im Gegenteil: Mit Mühe ritzte sie sich in den Stein das Wörtchen *recister,* widerstehen. Am Ende ließ der Gouverneur sie frei und gab ein Beispiel von Zivilcourage: »Der König hat die Macht, mich von meinem Kommando zu entsetzen, das er mir anvertraut hat. Er hat aber nicht die Macht, mich daran zu hindern, daß ich meine Pflicht so erfülle, wie es mein Gewissen und meine Ehre gebietet.«

Es gab wohl einmal eine Gräfin namens Constanze de Provence; nach Gertrud von le Fort und der Novelle gleichen Titels heißt das Gefängnis aber füglich nach Maries Beständigkeit Tour de Constance. Heute dümpeln vor Aigues-Mortes Kabinenboote, auf den Festungsmauern wandern die Touristen. Le Grau-du-Roi am Ende des Kanals ist eine kleine Hafenstadt mit Badebetrieb, noch immer zweigeteilt durch den Kanal, durch den nun das Wasser der Salzgärten Salins du Midi ins Meer geleitet wird, und wenn man auf der Mole weit genug hinausgeht, kann man nach Aigues-Mortes gleich rechts und links die Zukunft sehen: da liegen La Grande Motte, die Satellitenstadt am Meer mit Pyramiden zum Wohnen, was zur Gigantomanie wohl immer noch am besten paßt – *La Grande Merde* sagen häufig die Franzosen –, und gegenüber Port Camargue, das weder recht ein Hafen ist noch irgendwas mit der Camargue zu tun hat, wie man sie zu kennen wünscht.

Van Gogh ist in der zweiten Junihälfte 1888 nach Les Saintes-Maries gekommen: »Endlich habe ich das Mittelmeer gesehen«, schreibt er an Bernard. Er kennt das Land ein wenig aus Erzählungen, denn schon im Mai berichtet er seinem Bruder im Brief von Ebenen mit Grün, von Stierherden – er gebraucht sogar das rechte Wort dafür: *manade* – und von den kleinen weißen Pferden, halb wild und recht schön. Doch was ihn wirklich interessiert, das sind die Farben (»kleine grüne, rote, blaue Schiffe«) und das Licht: »Was ich kennenlernen wollte, war die Wirkung eines tieferen Blau des Himmels.«

Erst allmählich, kaum zur Zeit van Goghs, wurde die Camargue erneut entdeckt als Land der Pferde und der Stiere. Nach 1892 gab es eine Eisenbahn von Arles nach Saintes-Maries, im Zeitalter des Individualverkehrs wurde sie dann 1953 wieder eingestellt.

Es war ein Nachfahre italienischer Einwanderer aus den Zeiten Petrarcas, der Marquis de Baroncelli, ein Freund Mistrals, wenn auch fast vierzig Jahre jünger, der die Zucht der Pferde und Stiere wieder aufleben ließ. Die Abstammung der weißen Pferde ist bis heute ungewiß und strittig, sicher aber ist, daß sie zu einer uralten Rasse gehören. Sie sind kleiner als andere Pferde, ausdauernd und trittsicher im Gelände. Die Fohlen sind noch dunkelgrau, auch braun, und werden erst nach fünf, sechs Jahren weiß. Kleiner als anderswo, 1,35 Meter hoch, sind auch die Stiere der Camargue. Sie leben mit den Pferden gemeinsam in Herden, den Blicken der Besucher meist entzogen. Leicht zu finden sind sie beide mit dem Touristendampfer auf der kleinen Rhône. Wo der Raddampfer beidreht, irgendwo hinter der kleinen Fähre »Bac de Sauvage«, werden Ballen mit Heu auf die Wiese geworfen: Dann hat man die Stiere vor der Linse – und das Lächerliche dieser Szene, wenn sich die Tiere nach dem Liegen erst lange mit prasselndem Strahl entleeren, ehe sie den Fotografen den Gefallen tun. Mit den Pferden ist es kaum anders: Sie müssen schläfrig an den Straßen darauf warten, im Konvoi Touristen über zertrampelte Schneisen im trockenen Morast zu schaukeln. Man muß schon Glück haben, wenn eine solche *promenade à cheval* ein wirkliches Erlebnis sein soll; häufig sind die wildesten Tiere, die man zu Gesicht bekommt, die Mücken über der Mähne. Einer hat sie gezählt und ist dabei auf 39 Arten gekommen, und wenn die sich auch in der Praxis auf drei reduzieren lassen, so treten sie doch alle auf dieselbe Art hervor: sie stechen.

Die Camargue ist nicht mehr unbekümmert zu erleben, sie ist ein wenig schon wie ein Museum ihrer selbst, und deshalb ist es auch nur konsequent, daß sie in ihrer Ursprünglichkeit am ehesten noch im Museum zu bewundern ist: in dem alten »Mas du Pont de Rousty« – einer Schäferei von 1812, die 1979 als Heimatmuseum eingerichtet wurde und gleich zur Eröffnung als »Europäisches Museum des Jahres« gefeiert wurde. Dank einfallsreicher Veranschaulichungen »erlebt« man hier gewissermaßen die Camargue, das Leben, wie es einmal war. Man sieht die Arbeiter bei Tisch im Tonmodell, den alten Wäscheschrank mit schweren Beschlägen, das Vordringen der Kultivierung in bedrohlichen Bildern, man sieht das Seil aus Pferdehaar, den *seden;* die Boote, die van Gogh am Strand gezeichnet hat; und die Jäger, stolz mit Flinten aufgebaut. Heute ist die Tierwelt abgejagt, auch die *petits oiseaux*, die kleinen Singvögel, sind selten geworden, die man, im halben Dutzend mit Speckstreifen am Spieß gebraten, knabbert. Deshalb hüpfen draußen auf den Straßen wohl so viele Elstern herum und wippen mit dem langen Schwanz, als freuten sie sich, daß sie hier als ungenießbar gelten.

Auch ein *sentier* gehört dazu, ein Fußweg durch die Sümpfe zum *étang,* vorüber an der *roselière,* wo der *roseau,* das Schilfrohr (provençalisch *sagno*) steht, bis zur *cabane,* der Hütte des Hirten, mit dem weißen Sprossenbaum davor (*l'escalassoun*), einer

Art Leiter, von deren Spitze sich die Herde überwachen läßt. Eindrucksvoller noch ist dann der Rundweg durch den Vogelpark am Pont de Gau. Die ganze Vogelwelt des Rhônedeltas ist hier zu beobachten, die Austernfischer mit dem bedächtigen Gang, die Seidenreiher und der kurzschnäblige Kuhreiher, noch die Flamingos sind hier alles andere als handzahm. Es geht durch Binsen und durch Salicorne, vorbei an Tamarisken mit Wolken von Mücken davor. Wenn dann die Sonne sinkt und die Abendwolken an der Unterseite rot beleuchtet, kommt noch einmal Leben auf am Wasser: Die Flamingos fliegen auf, die Schwalben treffen fast die Fische, wenn sie auf der Jagd nach Beute spannweit aus dem Wasser schnellen, die Bekassinen lassen sich im Flug erkennen, nur der Butor, die große Rohrdommel, bleibt mit kehligem Laut zu Hause im Schilf. Auch draußen bei Les Saintes-Maries, an der Nebenstrecke nach Cacharel, wird der Traum von der Camargue für eine halbe Stunde Wirklichkeit. Dann stehen dort die Fotografen, die mit der Pocket ebenso wie jene mit dem endlos langen Rohr im Wagenfenster. Und dann kommen die Flamingos, die hier ihre Schlafplätze haben, rauschend wie die Kraniche des Ibykus, fallen aus der dunklen Sonne und gleiten ungeschickt wie Lastensegler übers flache Wasser, ehe sie irgendwo ungelenk landen. Solche Bilder gibt es noch – für eine halbe Stunde. Dazu die Pferde, die weißen Hütten im Röhricht, die Herden und den blauen Himmel. Aber das bestätigt nur mit Nachdruck die Erfahrung vom Anfang: Die Camargue ist am schönsten auf Bildern.

Im Zeichen des Trident

Der Schulbus für die Strecke zwischen Arles und Port-St-Louis trägt auf der Seite jeweils das Bild eines Stiers; die kleinen Jungen in der Tracht der Gegend tragen einen Kordelschlips, den hält unterm Hals ein kleiner Stierkopf zusammen; die Mühle oberhalb von Fontvieille trägt eine Wetterfahne: einen Stier und den *trident*, die dreigezackte Lanzenspitze auf dem Schaft aus Eschenholz, mit dem die *gardians*, die Hirten der Camargue zu Pferd, die Cowboys der Sümpfe, ihre Herden dirigieren. Die Lichterketten auf den Boulevards tragen in der Straßenmitte dasselbe Symbol: Jedes Dorf im Süden, jede Stadt, hat zwei, drei Festtage im Jahr, und jedes Volksfest hat die Stiere mit dem lyraförmigen Gehörn zum Mittelpunkt. Manchmal findet ein *encierro* statt; da wird ein Straßenviertel abgeriegelt. Die Wirte stellen ihre Tische an der Straße schweren Herzens hinter eine Barrikade. Dann werden auf einen Donnerschlag hin ein paar Stiere aus der Dunkelheit des Viehtransporters auf die Straße gehetzt; verschreckt und ziellos traben sie nun durch die engen Gassen und weichen unwillig den Männern aus, die ihnen mit Drohgebärden vor die Hörner springen. Immer wieder dieses Ballyhoo aus Angst und Lust, wenn die Stiere um die Ecke biegen, dann und wann auch im Galopp, rutschend auf dem ungewohnten Boden. Ein paar Jungen suchen sie am Schwanz zu packen, einer, angefeuert von den Freunden hinter der Barriere, schlingt die Arme um den Nacken eines Stiers, als könne er ihn so erwürgen. Ängstlich, ungläubig beinahe, schüttelt sich das Tier, ist sich noch immer nicht der

Kraft bewußt, mit der es alle an die Mauer drücken könnte. Eine arglose Bewegung mit dem Kopf genügt, der Junge schlägt hart auf das Pflaster und bleibt besinnungslos liegen. Man hebt ihn über die Sperre, wo er wieder zu sich kommt mit blödem Grinsen – und zurück will zu den Stieren.

Beim Stiertreiben, dem *abrivado,* werden die Kolosse aus den Herden der Camargue von *gardians* in scharfem Ritt die Straße entlanggejagt – ein kurzer, intensiver Schauder für die Menge, wenn der Pulk von dichtgedrängten Leibern wie eine Urgewalt vorüberdonnert. Was bleibt, ist der Staub in der Luft und der Stallgeruch der Herden. »Das Ochsenrennen, das nach übler Gewohnheit in St-Rémy abgehalten wird, verursacht Unfälle von zu gefährlicher Art, um es länger zu dulden. Davon abgesehen ist es für die Handwerker und anderen Einwohner ein Anlaß zum Leichtsinn, den zu beenden angemessen wäre«, monierte ein Inspekteur des Königs 1751. Wie sollte auch ein Mann vom Hof die Bauern der Provence verstehen? Und umgekehrt: Wie sollten sie nur ahnen, was er meinte? Sie konnten nicht auf die Stierspringer von Kreta verweisen, nicht auf den Stierkult der Ligurier und nicht auf Herkules, der hier mit seinen Rindern durchgezogen war. Gut hundert Jahre später hätten sie immerhin Mistral zitieren können, den Kampf des Verehrers Ourrias mit den Rindern bei der *ferrade,* dem Brennen der Jährlinge. Es hätte am Ende nur wenig geholfen: Was 1751 wieder einmal sichtbar wurde, war der Unterschied, der Abstand zur Provinz. Sie hätten nur beteuern können, daß sie das alles schon seit eh und je in dieser Art gehalten hatten: Seit 1512 sind die *gardians* des Rhônedeltas in einer eigenen Bruderschaft organisiert, da brauchte Baroncelli gar nichts neu zu gründen, er brauchte eine alte Tradition nur neu mit Leben zu erfüllen.

Der *abrivado* wurde nicht verboten, und beim *encierro* sind den Stieren heute nur die Hörner bandagiert. Aber beide Spiele sind geblieben. Hinzu kam der Stierkampf der Camargue, das Kokardenspiel, *course à la cocarde*. Gegen Ende des vergangenen Jahrhunderts wurde aus den Neckereien und den Mutbeweisen der *gardians* ein eigenes Regelsystem, am Ende ein Sport.

Am schönsten ist es bei den Festen. Da wird mit Aufwand und Gelassenheit der Sand in den *arènes* gesprengt, dann füllen sich die Ränge: Noch einmal zeigen sich die *gardians* beim *defilée* zu Pferd, alle in der Tracht der Camargue: gemusterte Hemden, Jacken von Samt, die engen Hosen mit Seitenstreifen; dann kommen die *tambourinaires*, die schlanke Trommel vor dem Leib, den Schlegel in der einen Hand, in der anderen die schrille Flöte, dann kommen die *belles Arlésiennes*, die schönen Frauen im Kostüm.

Dann beginnt der Kampf. Sechsmal fliegt das rote Tor auf, sechsmal taucht ein Stier ins Helle, stutzt, verharrt und schleudert mit den Vorderhufen Sand zum Zeichen, daß er angreift, sechsmal kommt von der Kampfrichterbank das Trompetensignal, dann brüllt der Stier und stürzt sich auf die *razeteurs*, die Kämpfer im weißen Habit – sechsmal eine Viertelstunde lang, und doch ist keine Szene wie die andere, kein Stier wie der nächste. Schlank ist der eine und schnell wie der Blitz, der andere ist breit und massig, der eine listig, voller Tücke, der andere voll Ungestüm – gefährlich sind sie alle. Der *cocardier*, so heißt der Stier, trägt einen fingernagelgroßen Krümel roten Stoffs vorn auf der Stirn, das ist die *cocarde*, dazu auf beiden Seiten weiße *glands*, kleine Quasten Wolle. Die Aufgabe der Kämpfer ist es nun, die winzigen Trophäen von der Stirn zu pflücken. Sie kämpfen in zwei Gruppen, nähern sich dem Stier von rechts und links im Wechsel mit dem kammartigen *crochet* in der Hand, mit dem sie im rechten Augenblick nach der Kokarde schlagen, um sie abzureißen. Der Stier hält inne, wirft sich herum, jagt einmal den und einmal den, dann retten sich die *razeteurs* im Sprung meterweit über die Holzpalisade rund um den Kampfplatz. Alles ist Artistik, reines Spiel, nur freilich ein gefährliches.

Wenn dann die *razeteurs* im Wechsel ihrem Stier entgegenjagen und wenn der Stier sich einläßt auf den Rhythmus, nach links und rechts die Kopfstöße versetzt, immer wieder die Bewegung unterbricht, sich auf kleinstem Raum herumwirft, daß es staubt, und den nächsten Mann zur Bande hetzt, als sei dies alles heimlich inszeniert, dann ist der Höhepunkt erreicht: Keine Harmonie kann größer sein als die von Stier und Mensch in diesem Kampf, vom Lautsprecher ertönt Musik dazu, Klänge von Bizet, vom Jubel der Menge begleitet – oder von Pfiffen, wenn man meint, hier soll nur Stimmung aufbereitet werden mit dem Schwung von »Carmen«. Dann ist der Kampf vorüber, der Stier bekommt Applaus und scheint ihn zu genießen, das Tor wird geöffnet, er trabt noch eine Runde und verschwindet: ein Profi und ein Sportler wie die weißen Männer, die er attackiert hat.

Bei alledem ist nichts zu sehen von der »Dummheit auf der Stirn des Stiers«, wie Baudelaire geschrieben hat, der Dichter. Wie sollte Baudelaire das auch verstehen? Er stammte aus Paris.

Fünf Städte

Das ist die Provence – oder fast. Gibt es etwas, was am schönsten ist? Wer wollte das entscheiden? – Immerhin, für 1847 befindet »Meyers Universum«: »Marseille ist die Perle der Provence, und die Provence heißt die Perle Frankreichs. Prächtig nimmt es sich vom Meere her aus. Man erblickt die Stadt als Amphitheater.« Das war einmal: vielleicht noch 1847, mit Sicherheit indes, als hier die Griechen landeten. Inzwischen aber ist die Perle tief gefallen: Verkehrsprobleme, Wohnprobleme, Ausländerprobleme. Die Stadt wächst vom Wasser weg und am Wasser entlang bis nach Fos und zu den rot-weißen Rohren der Raffinerien und Häfen am Etang de Berre. Und das Freundlichste, was man hier trifft, ist vorderhand das Jesuskind auf dem Arm seiner Mutter, überlebensgroß in Gold und weithin winkend, hoch oben auf der Kirche Notre-Dame-de-la-Garde, wo sich die Touristen an fremder Leute Frömmigkeit erbauen: überall Tafeln und Bilder mit Dank für Hilfen gegen Seenot, Bomben und Verkehrsunfälle.

Von hier aus hat einmal die Kultivierung durch die Phokäer angefangen. Es gibt dazu den passenden griechischen Mythos: Hochzeit sollte sein am Hof des Fürsten von Ligurien, die Freier waren allesamt zugegen, auch ein Grieche, Protis, zufällig im Land und nur zu Besuch. Und doch reicht ihm die Braut den Becher als das Zeichen, daß sie ihn erwählt, und bringt als Mitgift einen Hügel in die Ehe, die Gegend um den alten Hafen, von dem aus sich die Stadt entwickelt hat, bis 1943 die deutschen Wehrmachtspioniere dem Viertel am Vieux Port ein

Ende machten: Sie sprengten das Gestrüpp aus Häusern, die nur noch Unterschlupf, und Gassen, die einzig noch Fluchtwege waren. So hielten sie sich schlecht und recht die Résistance vom Leib und den Bewohnern von Marseille das organisierte Verbrechen. Es heißt, die Bürger waren dafür dankbar, erleichtert allemal. »Hier gibt es vom Menschen nur den Leib, und vom Leib nur den Unterleib: nur die Verdauung und das Geschlecht«, hatte von Hartlieb noch zuvor notiert. »Dieses Hafenviertel ist die dem Dreck gebaute Stadt.« Und Hausenstein, der um dieselbe Zeit Marseille durchwandert hatte, beschrieb darauf (»es ist entsetzlich«) mit Abscheu und Herrenmenschenpose die Straßen der Bordelle und die grell geschminkten Knaben, dazu »die Mohrenköpfe mit den wollüstig geschwollenen Mäulern und den Kreaturaugen«. Heute gibt es in dem Viertel Kulinarisches statt Schlüpfrigem, doch die Aufreißer in der Livrée lassen solche Unterschiede fast vergessen, wenn sie ihre *bouillabaisse* feilbieten.

Die Canebière soll ihren Namen von den Hanffeldern, den *chènevières,* der Seilereien übernommen haben; sie war einmal die Prachtstraße der Stadt, jetzt reihen sich dort Schuhgeschäfte aneinander, und denken läßt sich heute weniger an Hanf als an Cannabis, Rauschgift. Sie mündet in den alten Hafen, wo nur noch Fahrgastschiffe und Fischereiboote landen und wo noch immer die Fischweiber Thunfischköpfe neben sich am Boden haben und wo die Barkasse ablegt zur fälligen Fahrt nach dem Château d'If, der Festung im Wasser, wo nicht bloß der Graf von Monte Christo aus Dumas' Roman gefangen war. Marseille war immer eine Stadt des Geldes – auch mit den Schattenseiten, die dazugehören. Da kam ein Handelsschiff aus Syrien mit

Waren für die Messe von Beaucaire – und mit der Pest an Bord. Der Kapitän des Schiffes machte Meldung, wie es Vorschrift war, die Krämer machten eine Rechnung auf von lauter roten Zahlen, vorbehaltlich einer zügigen Umgehung dieser Vorschrift: Die Quarantäne wurde aufgehoben, und zu den roten Zahlen kam der Schwarze Tod. Die Pest von 1720 steht in allen Büchern der Geschichte; hunderttausend Tote, fünfzigtausend allein in Marseille. Heute ist die Stadt der Größe nach die dritte in Frankreich – nach Lyon und – natürlich – Paris, und wer sie kennenlernen will, muß Muße haben.

Ein wenig wie Paris, ein Stück davon zumindest, nur in den Süden versetzt, ist Aix-en-Provence, die Hauptstadt von einst. Das machen die vielen Terrassencafés, die kühlen Brunnen, die dem Aquae Sextiae von einst den Namen gaben, und die Studenten dort, die wie in alten Filmen ihre Bücher und Mappen unter der Armbeuge tragen. Hier ging die goldene Regentschaft von René zu Ende, der gute König lebte in Aix für die neun letzten Jahre seines Lebens. Das Triptychon des brennenden Dornbuschs in der Kathedrale St-Sauveur gibt ein schönes Bild von ihm, betend auf den Knien – »in Fett und Gütigkeit und Hermelin«, notiert Suzanne Oswald in ihrem Reisetagebuch »Provence« (Zürich 1954). Er hat auch einen Brunnen hier mit einer Statue zu seinen Ehren, doch den Namen des Prachtboulevards, der hier endet, hat ein anderer gegeben, Graf Mirabeau, ein Sohn der Stadt, und nicht ihr angenehmster. Die breite, schattige Platanenallee mit den schön bemoosten Brunnen wurde 1651 auf dem Platz der alten Festungswerke angelegt als grüne Piste für Vergnügungsfahrten mit der Kutsche; sie trennt bis heute die Altstadt von Aix von der Neustadt des 17. Jahrhunderts, das Leben von der Aristokratie. Im Norden liegen die Cafés und die Geschäfte für Bücher und Zeichenbedarf und, immer wieder, die süßen *calissons*, die teure Spezerei der Stadt aus Mandel- und Melonenmus; im Süden, im Quartier Mazarin nach dem Namen des Erbauers, stehen die Patrizierpaläste des heimisch gewordenen Adels, die kühlen Residenzen für die Männer aus dem ungeliebten Parlament von Aix. Hier hat der ehrgeizige Mirabeau, jähzornig und schlecht beleumundet schon in jungen Jahren, dazu von Pockennarben gezeichnet, nächtelang eine der honorigen Familien kompromittiert, bis er die Tochter heiraten konnte. Geholfen hat es ihm am Ende wenig, der Vater annullierte die erhoffte Mitgift, aber geschadet hat es ihm auch nicht – so wie kaum etwas in seinem kurzen Leben, nicht einmal eine politische Wende, als er sich als Graf und blendender Redner 1789 vom dritten Stand zum Volksvertreter wählen ließ. 1791 starb er, kaum 42 Jahre alt. Er hatte wohl, alles in allem, zweihundert Jahre zu früh gelebt.

»Im Café am Cours Mirabeau traf ich die ›Kartenspieler‹; sie hatten ihr Spieltuch über den Tisch gebreitet und waren anders als auf den Bildern«, schrieb Peter Handke (»Die Lehre der Sainte-Victoire«). Er ist nicht der erste, der Aix erlebt hat als die Stadt von Cézanne.

Ein Leben lang ist Paul Cézanne hinausgezogen, am Ende mit dem Wagen, »sur le motif«, und immer wieder zu dem Berg des heiligen Siegs, seinem eigenen Entwurf von Heimat auf der Spur, ein Sonderling auch er, *un isolé*, im verborgenen verhöhnt von seinem Freund Zola (in dem Roman »Das Werk«), öffentlich verlacht von den Kollegen um Manet: »den Unverstandenen« hat ihn Gauguin genannt. Lange hatte Aix nicht eines seiner großen

Bilder, jetzt gibt es dort acht kleine Ölgemälde – Leihgaben aus Paris. Er war nicht mittellos, sein Vater hatte eine Bank gegründet, so baute er sich oberhalb der Stadt, am Chemin des Lauves, ein Atelier, ein Refugium mit Garten ringsum. Die Straße heißt längst Avenue Paul-Cézanne, und das Atelier wird heute zu den vereinbarten Museumszeiten vorgezeigt: Ein angenehmes Haus im mäßig verwilderten Garten, gebleichtes Ocker, innen lichtes Grau im ersten Stock, und nur ein großer Raum – »ein Atelier im Dienst der Sache« (Hausenstein). Hier liegen Äpfel herum, Zwiebeln, wie er sie gemalt hat, sein Rucksack und die Tasche für die Farben, Kommoden stehen da, Regale, Bücher, selbst die Garderobe ist vorhanden: Der Künstler brauchte nur hereinzutreten, es wäre so wie früher. Unten, auf der Eingangstür, wärmt sich in der Mittagssonne eine Eidechse. Sie wird nicht oft gestört hier oben.

»Die Sonne ist hier so gewaltig«, schrieb Cézanne, »daß sich mir die Gegenstände in Silhouetten zu verwandeln scheinen, nicht nur in schwarze oder weiße, sondern in blaue, rote, braune, violette.« Auch hier ein Spiel aus Licht und Farben.

Wohlbekannt bei jedermann und gar nicht zu verfehlen ist die Brücke aus dem Kinderlied, auch weil jeder nach ihr Ausschau hält, wenn er sich Avignon nur nähert. Getanzt indes wurde niemals *sur le pont*, wie es im Lied heißt, sondern darunter, *sous le pont*, wo es auf einer Insel einst ein Vergnügungsviertel gab; so kann denn die Brücke auch nicht, wie erzählt wird, mit den Tanzenden in einer Art von Strafgericht hinabgestürzt sein in die Rhône, sondern das hat mit Geduld das Hochwasser vermocht: seit 1660 immer wieder, bis nur noch vier Brückenjoche übrig waren. Ursprünglich waren es 22, und ganz ursprünglich hat ein Heiliger, ein Hirte sie gebaut, nach ihm heißt sie Pont St-Bénézet. Dem gab ein Botschafter des Herrn den Auftrag, bei Avignon den Fluß zu überspannen. So etwas gab es dort noch nicht. Der kleine Benedikt, so wird sein Name übersetzt nach der Verkleinerung von Benoît, begab sich rasch zum Bischof in die Stadt – und wurde ausgelacht. Fürs erste, so der Bischof, wäre er schon sehr zufrieden, wenn ihm der Junge einen Felsblock, reichlich zentnerschwer, von hier bis an die gottgewollte Baustelle bewegte. Dann aber ging alles sehr schnell. Der Bischof kannte sich mit Wundern aus, er pries den Knaben und lobte den Herrn, rief einen Fond ins Leben und gab auch selber Geld dazu: Schon war die Brücke fertig. Bei der Belagerung im Albigenserfeldzug wurde sie dann arg beschädigt, aber bald nach der Huldigung an Ludwig VIII. 1226 nochmals aufgebaut.

Avignon, die Stadt der Päpste, läßt sich in vielem durch Erzählungen begreifen. Ein Papst aus Frankreich, Clemens V., begann die Zeit des »babylonischen Exils« der Kirche mit dem recht modernen Hinweis auf die öffentliche Sicherheit in Rom. So wurde eine eher unbedeutende Provinzstadt im 14. Jahrhundert in den Mittelpunkt der Alten Welt gerückt, was die Folgen angeht, lassen sich nun unterschiedliche Gewährsleute zitieren. »Wer Avignon nicht zur Zeit der Päpste gesehen hat, der hat nichts gesehen«, behauptet Daudet in seiner rührenden Geschichte von der päpstlichen Mauleselin, der ein Ganove nicht nur ihren heiß geliebten Glühwein aus dem nahen Château-Neuf-du-Pape entzieht, um ihn selber zu trinken mit allerhand Gesindel, sondern die zum Schaden auch noch lächerlich gemacht wird, so daß sie ihre Wut aus langen Jahren sammelt und den Spitzbuben am Ende derart in den Hintern tritt, daß von ihm nichts als die Ibisfeder übrigbleibt, die er am Hut getragen hat. Zu solcher Posse paßt denn auch das Urteil über Avignon: »Welch glückliche Zeiten! Welch glückliche Stadt! Die Hellebarden waren stumpf, in den Staatsgefängnissen lagerte der Wein schön kühl und dunkel. Niemals Not und Teuerung, niemals Krieg ...«

Petrarca aber, als Zeitgenosse wohl eher ein Zeuge von Gewicht, schrieb ganz im Gegenteil: »Diese Stadt ist eine Abfallgrube, wo sich aller Unrat der Welt sammelt. Man verachtet Gott und betet das Geld an; man tritt die göttlichen und die menschlichen Gesetze mit Füßen. Alles atmet die Lüge: die Erde, die Häuser und vor allem die Schlafzimmer.« Dem stimmte selbst der Papst am Ende zu: Vor siebzig Jahren, so wird Gregor XI. zitiert, habe es vier Freudenhäuser in der Stadt gegeben, an jedem Stadttor eins. »Heute gibt es nur noch ein einziges Bordell – das allerdings erstreckt sich vom Nord- bis zum Südtor.« Zum Zweck des Wohnens und Regierens ließen sich die Päpste eine Festung bauen, eine Art von Bunker, die heute Papstpalast genannt wird und kaum verdient, ein »Schloß« genannt zu werden. »Dieses Schloß«, bemerkte Prosper Merimée, »macht den Eindruck, als wäre es die Zitadelle eines asiatischen Despoten und nicht der Aufenthalt des Stellvertreters des göttlichen Friedensfürsten.« Heute noch beherrscht der Papstpalast die Stadt und die Rhône, wo sie sich um den Herrenfelsen windet, den Rocher des Doms mit dem hübschen Park auf der Höhe, kühl von außen wie von innen in hohen, leeren Räumen.

Von innen nur so viel: Der größte Raum in dieser Festung ist der Speisesaal. Zu den Renommierstücken der Küche zählte einmal eine Festung ganz aus Blätterteig, in die ein Hirsch, ein Wildschwein, Rehe, Hasen und Kaninchen eingebacken waren. Und anläßlich der Krönung von Clemens VI. wurden hier verbraten: 118 Ochsen, 1023 Schafe, 101 Kälber, 914 Zicklein, 60 Schweine, 69 Doppelzentner Speck, 1500 Kapaune, 3043 Hühner, 7428 Hühnchen, 1195 Gänse, dazu bot man auf in der Küche: 50.000 Obsttorten, sechs Doppelzentner Mandeln, zwei Doppelzentner Zucker und 39.980 Eier, einer wird sie wohl gezählt haben. Den Jubelruf »Habemus papam« wird das Vieh im Venaissin nicht gern vernommen haben.

Zu ihrem Schutz, so sah es aus, zumindest doch dem Ansehen zuliebe ließen sich die Päpste eine Mauer ziehen: 4300 Meter rings um die Stadt, und wenn die auch, wie Fachleute ermittelt haben, bei weitem nicht so wehrhaft war, wie sie von weitem aussah, so hat es ihr doch nicht geschadet: Sie steht noch heute. Nur die Gräben wurden zugeschüttet, eine Ringstraße war möglich – und Parkplätze.

Seit Kaiser Diokletian gehört Nîmes nicht mehr zur Provence – und ist doch eine ihrer schönsten Städte. Kein Besucher wird auf Nîmes verzichten, die Stadt ist elegant und gemütlich zugleich. Keine zweite in der Provence – Arles ausgenommen – verbindet solcherart südliches Leben mit dem Erbe der Antike, ohne sich zugleich ihr gänzlich auszuliefern, wie es bei Vaison nicht anders möglich ist. Da hätte es des reichlich einfallslosen Denkmals am Square Antonin gar nicht bedurft, um nachzuweisen, daß der Mensch aus Nîmes ein halber Römer ist – mit Hinweis auf die Sonne, dieselbe Zahl von sieben Hügeln und irgendeinen Antonin in den eigenen Reihen.

Die *Maison Carrée*, der schöne, kleine Tempel

aus Augusteischer Zeit, verrät im Namen schon, daß die Vergangenheit nicht immer gleich gewürdigt worden ist; als »quadratisches Haus« hat es wechselnden Zwecken gedient, im 16. Jahrhundert sogar als Pferdestall; im 19. Jahrhundert wurde es dann restauriert und als Museum eingerichtet. Der Klassizismus dieser Ära aber war der Stadt nicht gleich viel Aufwand wert: Die Fassade des Theaters, die nach einem Brand noch als einzige aufrecht stand, mußte erst vor wenigen Jahren einem Neubau für ein Medienmuseum weichen – gegen den Protest vieler Bürger. Die gut erhaltene Arena ist nach wie vor der Mittelpunkt der Stadt. Die Terrasse des »Café de la Bourse« am Beginn des Boulevard Victor Hugo ist zu allen Zeiten gut besetzt, daneben gibt es viele kleine Straßen in der Altstadt, die je nach Richtung in gleißendes Licht oder Schatten getaucht sind: Großstadtleben auch hier, an der Place du Marché und vor der Kirche St-Castor. Noch immer steht das Haus Nr. 20 am Boulevard Gambetta, in dem Daudet geboren wurde. Die Messingschilder neben den Säulen am Eingang spiegeln nach wie vor jene bürgerliche Solidität, die den Daudets vergangen war. Im Jardin de la Fontaine spielen die Veteranen *boule* auf dem hellen, kiesigen Sand, sonst niemand, ihr Privileg ist angezeigt für jedermann am Eingang. Hier haben sie sogar einen eisernen Reifen rund um die Platane, an den sie ihre Jacken hängen können. Es ist angenehm kühl hier, man schaut den Alten zu oder betrachtet den Regenbogen in der Fontäne, die aus der Nemaususquelle kommt, der Namensgeberin der Stadt; da gibt es Putten und Gefäße, allegorische Figuren und Schwäne auf dem Wasser – ein wenig wie im Jardin du Luxembourg in Paris. Ein Festungsbaumeister des 18. Jahrhunderts hat das alles so geplant – eine

Ausnahme, gewiß, und wäre es nicht, leider, eine Ausnahme, dann würde es nicht überall erwähnt.

Und dann hinauf auf den Mont Cavalier, vorbei an Pinien und Liebespaaren und in Kehren bis zur *tour Magne*, dem weißen Riesen über der Stadt. Über eine Wendeltreppe aus Beton kommt man innen nochmals höher und kann hinunterschauen, nicht nur auf Nîmes, sondern bis zum Pyrenäengipfel Canigou und, selbstverständlich, zum Ventoux. Noch immer ist die Wucht aus Kalkstein den Historikern ein Rätsel, das nicht ganz gelöst ist. Doch scheint es so, als ob der Turm auch dastand, um einfach gesehen zu werden.

Den Ersparnissen des Gärtners Traucat ist der Achteckturm in jedem Fall zum Kenotaph geworden, zum Leergrab in des Wortes tückischster Bedeutung. Traucat war 1601 der Weissagung des Nostradamus gefolgt, es werde einst ein Gärtner einen Schatz entdecken; er wandte sein lebenslang Erspartes auf und grub im Fundamentbereich des Turms, bis er am Ende arm war und der Turm gefährdet. Dann ging er wieder gärtnern und kam vielleicht dahinter, was nach ihm Jean de la Fontaine in Verse faßte: »*que le travail est un trésor*« – »Gebt Müh euch, schafft, soviel ihr könnt«, so die Moral vorweg, »das ist das wahre Kapital.«

Und schließlich Arles. »Ich habe Avignon für Nîmes preisgegeben«, schreibt Hausenstein, »ich gebe es vollends für Arles preis.« So sollte jede Stadt sein, wie wir diese morgens sehen aus dem Dachfenster in Fontvieille, vorbei am Turm von Montmajour: Geschlossen, leicht erhöht auf ihrem Kalkstock, der sie heraushebt aus dem Sumpfland von einst, von dem die Kelten schon den Namen Arelate, Stadt im Sumpf, bezogen haben. Nîmes zerfließt in einer Ebene, da ändern auch die sieben

Hügel nichts, und am Rand die Hochhausbauten dominieren in der falschen Weise. Arles dagegen hat seit der Antike die eine selbe Mitte. Der Sockel der Stadt tritt zutage am Boulevard Emile Combes, wo oben auf dem Fels noch die Umwallung sitzt, weil sie hier keinen stört. In dieser eher kleinen Stadt hat man auch alle Zeitalter des Landes beisammen: die provençalische Renaissance im Museon Arlaten, ausgestattet von dem Geld Mistrals aus dem Nobelpreis, mit Bildern, Dokumenten, lebensgroßen Szenen aus dem Bürgertum der Zeit – und den *belles Arlésiennes* in natura, den Frauen, die hier Aufsicht führen. Auf engem Raum sind hier auch Mittelalter und Antike beieinander; nur ein paar Schritte sind es vom Portal von St-Trophime hinüber zum Obelisken auf dem Brunnen, der *spina,* der Wendemarke des römischen Zirkus. Tausend Jahre wurden in Les Alyscamps, den Champs Elysées der Antike, Sarkophage aufgehäuft, noch im Mittelalter war die Stadt beliebt als Nekropole, man ruhte vielversprechend für den jüngsten Tag so nahe bei den frühen Heiligen, die hier bestattet waren; der schönste Platz der Stadt ist heute noch die Place du Forum, und das Grand Hotel der Belle Epoque, das renovierte »Nord Pinus«, bewahrt in der Fassade nach wie vor die letzten Säulen jenes Tempels auf, der einst hier stand. Die Place du Forum mag das Zentrum sein, der Höhepunkt der Stadt sind Les Arènes, heute so wie immer schon.

La Tauromachie

729 Kilometer ist Paris entfernt, die Haupstadt, ohne die sich die Provence nicht denken ließe als Provinz. Anders ausgedrückt: einen Tag. Zu Pfingsten aber in Nîmes und zu Ostern in Arles kann daraus leicht ein Abstand werden von Jahrhunderten.

Das ist die Zeit der *feria,* der Fest- und Feiertage, in Arles der Auftakt der Stierkampfsaison. Dann ruht das gewöhnliche Leben mit seiner Arbeit, seiner Disziplin, es ist ein wenig auch wie Karneval: ein dionysischer Rausch in der Stadt. Daran ändert nichts das Maß an Organisation, und die touristische Verwertung auch nichts. Das sind nur die Versuche, Ordnung ins Chaos zu bringen, auch wohl ein wenig, daran zu verdienen.

Die Jugendlichen ziehen durch die Stadt mit Tüten voller Mehl, mit dem sie sich aus vollen Händen heftig bewerfen – *shampooing vigoureux,* ein derbes Spektakel, bei dem auch rohe Eier fliegen können. Die Wurstverkäufer kämpfen mit den Flammen und dem Rauch, den der Wind ihnen vom Ofenrohr reißt und zu Fetzen verwirbelt, und die Stadt kämpft mit den Wurstverkäufern, jedenfalls mit einigen von ihnen: Überall entstehen aus dem Nichts Bodegas, auch die arabische Videothek an der Rue Portagnel bietet die scharfen Merguez-Würste feil, die Ordnung löst sich auf, die Stadt resigniert und gibt es öffentlich zu in der Zeitung: *feria.*

Vom Platz der Republik kommen die bunten *peñas* herüber, die kleinen, flinken Blaskapellen, jeweils ein paar Mann, auch Frauen sind darunter, mit Saxophon, mit Pauken, Tuba und Posaunen, rot und gelb gekleidet oder rot und grün, den weißen Strohhut auf dem Kopf, im Herz den eiligen Zweivierteltakt des Paso doble. Die Stadt schwimmt im Pastis, die kurzen Gläser mit dem grünweißmilchigen Absinthersatz werden nur batterienweise gefüllt und gehen selten einzeln über die Theke. Selbst der Rinnstein duftet nach Anis. Anis ist der Geschmack des Mittelmeers – Raki, Ouzo, Pastis und Sambucca: Es ist wie ein Programm, so wie die Musik ein Programm ist, die aus Katalanien kommt. Es ist die Rückkehr in die alten Grenzen vor der Zeit der Franzosen, als die Provence für eine Zeit zum Hause Barcelona gehörte. Am Nachmittag dann geht es hoch zur Arena, dort ist an diesen Tagen *corrida.* Die Kneipenwirte hängen Stierkampfbilder aus wie die Andenkenhändler, die Fotogeschäfte zeigen die Bilder vom letzten Mal und auch die Metzger schmücken ihre Schaufenster mit *banderillas* und präparierten schwarzen Schädeln: *tauromachie.* Das Wort meint »Stierkampf« allenfalls im Sinne einer Technik. Es meint zugleich die Leidenschaft im »Augenblick der Wahrheit«, wenn der Stier geopfert wird, ein Ritual, das heidnisch scheint, dargebracht von jungen Männern mit einem Kreuz am Kettchen um den Hals, womöglich Maria zu Ehren. Der Stierkampf auf spanische Art, *mise à mort,* ist immer noch, vielleicht auch mehr denn je, ein Volkssport im Midi und füllt in Béziers, in Nîmes und Arles die Arenen. Die schönsten Szenen gibt es später auf Videokassetten, und der private *Canal Plus* zeigt sie auch.

Die keine Karte haben, stehen oben, wo die Stadt am höchsten ist und das Amphitheater in den Fels gesenkt. Der Ausschnitt in den steinernen Arkaden reicht aus, um zu erleben, wie der Matador den Stier und die 12.000 *aficionados* mit wenig mehr als einer Degenspitze dirigiert. Es ist kein Kampf, nur einer hat die Wahl der Waffen, nur einer kennt die Regeln und den Ausgang schon vorab beim *tercio de la muerte*. Der Wahn von Männlichkeit, der Wahn von Überlegenheit und Größe gestattet sich hier arrogante Attitüden, am Ende den Triumph. Eine halbe Tonne warmes Fleisch liegt Augenblicke später auf dem dunkelrot lackierten Pferdekarren, der rasselnd aus den Katakomben prescht und die Arena halb umrundet – bis zu jener grauen Tür im Sockel der Gewölbe, bei der die Metzger warten, weiß die Schürze, weiß die Gummistiefel, die Messer gebündelt im Köcher. In einer Viertelstunde wird dem Stier das schwarze Fell vom weißen Leib geschnitten, pünktlich, spät genug, trägt einer die blutige Haut in einer Plastikwanne zu dem gekühlten Container, danach den Kopf mit Hörnern, die kleine graue Zunge und das Herz. Dann kommt der kleine Henkerskarren wieder mit dem nächsten Stier.

Zuletzt erscheint der *matador:* ein blasser Junge, erschöpft und schwitzend in der bunt besetzten Seide. Die Kinder drängen sich heran: *Señor, Señor!* Sie haben nichts von ihm gesehen, aber anfassen wollen sie ihn. Dann kommen die Helfer, älter schon und wohlgenährt, der *picador* an einem Bein so aufwendig bewehrt, daß er den Weg zum Bus nur hinkend schafft, vorüber an den weißen Notarztwagen. Das wiederholt sich mehrmals am Nachmittag, am nächsten Morgen verkauft in der Rue Réattur der Metzger Milhau das Fleisch der getöteten Stiere.

Als sich die Arena dann leert und die Musik davonzieht, gehen wir hinüber auf die andere Seite, wo der Sockel des Amphitheaters tief in den Kalkstock eingegraben ist. Hier stehen die Pferde im

Schatten der Arkaden, mit Decken verhängt, das des *picadors* noch mit den stark gepolsterten Schabracken. Dazwischen spielen die Kinder der Helfer, einer ist der Stier mit angelegten Zeigefingern.

Hier haben die Römer schon Tiere zu Tode gehetzt. Als 1564 Katharina von Medici die Stadt besuchte, bot man ihr das Schauspiel eines Zweikampfs zwischen Stier und Löwe, noch Ludwig XIII. hat im 17. Jahrhundert ähnliches in Arles gesehen, und die Kleinen in den alten Bogengängen werden dafür sorgen, daß es dabei bleiben wird.

Natürlich bleibt nicht alles, wie es einmal war. Schon das Land der Kindheit von Marcel Pagnol ist nur im Lesen noch zurückzuholen. *La bartavelle* hieß damals das seltene Königsrebhuhn, das der Vater, ungeübt, mit einem Sonntagsschuß erlegte, um für alle Zeiten von dem Treffer zu erzählen. Heute finden wir *La Bartavelle* noch allenfalls als Namen einer Ferienwohnung, einer *résidence secondaire*. Und was, wenn man weiter zurückgeht? Marseille, von friedlichen Fremden gegründet und mehrmals von Fremden zerstört, kämpft nun auf seine Art aufs neue gegen die Fremden: Hier hat Jean-Marie Le Pen, Kandidat des rechtsextremen »Front National«, bei den Präsidentschaftswahlen 29 Prozent aller Stimmen bekommen, doppelt soviel wie im übrigen Frankreich. Ein Aristokrat kam 1989 auf den Bürgermeistersessel von St-Gilles mit dem Programm: dreißig Prozent Ausländer seien mehr, als diese Stadt verkraften könne. Nun rufen die Pariser nach den Schnabelschuhen der Algerier den Süden, das Département Bouches-du-Rhône: »Babouches du Rhône«. Orange, Toulon und Marignane haben mittlerweile Bürgermeister des Front National. Auch das gehört in ein Bild der Provence.

Das Gegenbeispiel freilich auch: Daß St-Rémy den Rechten Pampaloni als Bürgermeister abgewählt hat zugunsten eines Kommunisten, der obendrein noch Cherubini heißt. Manches, was Tendenzen zu verraten scheint, verrät doch nur die Liebe zum Extrem und zum Protest und bleibt ein Einzelfall. Van Gogh sah die Zypresse an als Zeichen der Provence: ruhig, kerzengerade, dunkel. Doch das, so unser *santonnier* zum Abschied, sei nur die halbe Wahrheit der Provence. Der zweite Baum gehöre unbedingt dazu, und das ist die Olive: hell und flirrend, immer in Bewegung und von höchst verschiedener Gestalt.

»Die Provence ist ein herrliches Aas, von Ameisen zerfressen, von Fliegen bedeckt, im Innern zerstückelt von einem räuberischen Tourismus, der dabei fette Beute macht«, sagt Jean Carrière, ein Schriftsteller von heute. Wer wollte leugnen, daß er damit recht hat. Allein am Pont du Gard gibt es jeden Sommer siebzig Tonnen Müll durch die Touristen. Das Land verändert sich, doch es vergeht nicht. Und was an ihm zergeht, wenn überhaupt, ist unser Bild von ihm. Doch warum soll das ausgerechnet heute sein? An einem Tag wie diesem funkelt das Meer in der Sonne tatsächlich wie der Schild des Apoll, weil Giono das so gesagt hat. Recht hat auch Pagnol: »In meiner Provence werden die Kiefern und Olivenwälder nur gelb, wenn sie wirklich absterben, und der erste Septemberregen wäscht ihre Zweige wieder grün und frisch wie im April«, und auch die Klage von Racine, »die Luft ist ungefähr so heiß wie ein geheizter Backofen« gilt heute noch so wie im Sommer 1622: »Und um mich vollends zu erledigen, werde ich den ganzen Tag verrücktgemacht von einer Unmenge Zikaden, die überall singen …«

Recht hat schließlich auch, an einem Tag wie diesem, Thyde Monnier, wenn sie ihre Provence als ein »schönes, glutvolles Mädchen« sieht, nackt: »Ultramarin treten ihre Adern aus der ockerfarbenen Haut, und brennend ist das Feuer, das sie durchpulst.« So muß am Ende auch van Gogh verstanden werden: »Gott, warum habe ich dieses Land nicht mit 25 Jahren kennengelernt, statt mit 35 herzukommen.«

Die Kinder haben aufgehört zu spielen, die Pferde sind inzwischen weggeführt, nur ihr Geruch und der von Heu hängt zwischen den uralten Steinen. Und warum soll zuletzt, an einem Tag wie diesem, die leere Wölbung nicht so riechen wie der Zirkus der Colonia Julia Paterna Arelate Sextanorum, viele Menschenalter weg von hier?